Leben!
Klett-Cotta

DAGMAR RUHWANDL

Top im Job – ohne Burnout durchs Arbeitsleben

Klett-Cotta

Alle Bücher aus der Reihe »Leben«
finden sich unter
www.klett-cotta.de/leben

Klett-Cotta
www. klett-cotta.de

Printed in Germany
Umschlag: Weiß-Freiburg GmbH – Graphik & Buchgestaltung
Titelbild: © Yuri Arcurs/Fotolia
Gesetzt aus der Concorde und Thesis von Kösel, Krugzell
Auf säure- und holzfreiem Werkdruckpapier gedruckt
und gebunden von Kösel, Krugzell
ISBN 978-3-608-86104-4

Zweite Auflage, 2010

Bibliografische Information der Deutschen Nationalbibliothek
Die Deutsche Nationalbibliothek verzeichnet diese Publikation in der Deutschen Nationalbibliografie; detaillierte bibliografische Daten sind im Internet über http://dnb.d-nb.de abrufbar.

Inhalt

I. Einleitung

Der Klient macht eigentlich einen blendenden Eindruck. Er berichtet davon, wie glücklich er sich schätzen könne: Verheiratet mit einer liebenswerten Frau, die er schon aus Schulzeiten kennt und die ihn in allen Belangen unterstützt, die beiden Kinder wohlgeraten, und um seinen Job beneiden ihn die meisten seiner Studienkollegen. Gut, seine Arbeit hatte immer mehr Zeit in Anspruch genommen: Zuerst ein paar Überstunden mehr pro Woche, dann ist es einfach »praktischer« geworden, die Arbeit mit nach Hause zu nehmen. Die neue Internet-Flatrate lädt geradezu dazu ein. Dadurch kann er seine Kinder öfter sehen und ist meist zum Abendessen zu Hause. Danach kann er sich gemütlich wieder an den Laptop setzen und so lange arbeiten, wie er Lust hat. Prima. Eigentlich. Denn nun wird die Ausnahme zur Gewohnheit, der Wohnzimmertisch zum zweiten Büro. Durch die enormen Vorteile dieses Arrangements, zu denen auch gehört, dass er durch das »Vorarbeiten« am Abend morgens entspannter in den Tag gehen kann, merkt er lange nicht, wie sehr sich sein Leben geändert hatte: Nur noch in der Sauna ist er definitiv nicht für seinen Job erreichbar. Doch erst als eine Umstrukturierung seiner Abteilung seine Handlungsmöglichkeiten deutlich einschränkt und er über deutlich weniger Mittel als zuvor verfügt und außerdem noch der Teil seiner Arbeit, der ihm am meisten gelegen und viel Freude bereitet hatte durch die Umstrukturierung an einen Kollegen übertragen wird, beginnt er, sich unwohl zu fühlen. Gleichzeitig sind in seiner neuen Position viele Aufgaben hinzugekommen. Er ist nun nicht mehr nur Vorgesetzter von Fachkollegen, sondern muss auch die technischen Mitarbeiter und die Verwaltungskräfte führen. Diese verlangen ganz andere Dinge von ihm, als er es von seinen Kollegen, deren Sprache er spricht und die auf ähnliche berufliche Erfahrungen wie er zurückblicken können, bislang gewohnt war. Als er schließlich aufgefordert wird, während eines wichtigen Projekts an mehreren Tagen rund um die Uhr erreichbar zu sein, merkt er das erste Mal, dass er mit Wut und Ärger an die Arbeit denkt. Und nachdem sich diese »Empfehlung« seines Chefs, die anfangs für eine Woche vorgesehen war, über Wochen hinzieht, weil es immer mehr statt weniger Probleme in dem Projekt gibt, bricht er eines Morgens zusammen. Er zittert am ganzen Körper, kann nicht aufstehen, ohne von Übelkeit übermannt zu werden, erbricht sich, bekommt Herzklopfen und Schweißausbrüche. Erst nach einer Woche Krankschreibung, die sein Hausarzt ihm mühsam abringen muss – es ist ja so wichtig, dass er baldmöglichst wieder arbeitet –, kommt er wieder zur Ruhe.

So – oder ähnlich – wie diesem Klienten geht es immer mehr Menschen. Die Burnout-Gefahr nimmt zu. Und das nicht nur aus individuellen Ursachen heraus. Auch Menschen, die bislang nicht zur Risikogruppe gehörten, deren psychische Konstitution und familiärer Hintergrund wenig für Burnout prädestiniert erscheint, sind zunehmend gefährdet. Hier sind nicht das Verhalten und die Persönlichkeit einer Einzelperson Ursache für Burnout, sondern die Verhältnisse, die Arbeits- und Lebensbedingungen. Die Verhältnisse, die Burnout in einem Unternehmen fördern und so auch relativ stressresistente Individuen ausbrennen lassen.

Ein Unternehmen kann viel dafür tun, dass seine Mitarbeiter nicht oder zumindest seltener ausbrennen. Aus meiner Sicht als Ärztin, die Burnout-Betroffene behandelt, und als Referentin, die Mitarbeiter sowie Führungskräfte schult, um Burnout vorzubeugen, halte ich es aber nicht nur für wichtig zu überlegen, was ein Unternehmen für seine Mitarbeiter tun kann. Denn dies verleitet Betroffene zu einer passiven Rolle, und Passivität bzw. die krank machende ›Variante‹ davon, nämlich das Gefühl selbst nichts oder wenig bewirken zu können, führt zu Depression, zu Stress und wiederum zu Burnout. Es soll in diesem Buch daher vor allem darum gehen, was Sie selbst tun können, um sich vor beruflicher Erschöpfung zu schützen: Was Sie positiv in Ihrem Sinne umgestalten können, welche Möglichkeiten Sie haben, welche Fehler Sie machen können, wann der richtige Zeitpunkt ist, wer Ihnen dabei wie helfen kann und wie Sie gegebenenfalls Ihre Vorgesetzten, Kollegen und Mitarbeiter mit ins Boot bringen. Anhand vieler praktischer Beispiele aus meiner Praxis- und Seminartätigkeit will ich Möglichkeiten veranschaulichen, wie Sie Stress im Job abbauen und damit Burnout an Ihrem jetzigen Arbeitsplatz und im weiteren Berufsleben vermeiden können. Sie erhalten Einblick in die Gruppen- und Einzelübungen aus meinen Burnout-Präventions-Seminaren, in Fallgeschichten und Erfahrungen der Teilnehmer sowie in die Wege, die meinen Patientinnen und Patienten aus dem Burnout geholfen haben.

In meiner Arbeit, sowohl in der therapeutischen Praxis als auch bei Seminaren, lege ich großen Wert darauf, Ressourcen, die jeder Einzelne mitbringt, zu nutzen. Das, was Sie durch Ihre *eigenen* Möglichkeiten bewirken können, was Sie selber in Ihrem Leben als schützend vor Burnout erkennen, ist für die Prophylaxe und Behandlung des Ausbrennens besonders wertvoll. Das, was Sie können (oder früher konnten), können Sie nämlich besonders gut! Daher möchte ich diese Ressourcen aufgreifen, dabei helfen, sie einzuordnen und hinsichtlich der Wirksamkeit bei der Vorbeugung von Burnout zu bewerten. Weitere Möglichkeiten, die Sie vielleicht noch nicht kennen oder nutzen, möchte ich vorstellen. Aber immer gilt für mich der Grundsatz: Das, was Sie am besten können, schützt Sie und hilft Ihnen am besten. Daher sollten Sie diese Fähigkeiten auch ganz besonders berücksichtigen und wenn möglich erweitern. Dabei möchte ich Ihnen zur Seite stehen.

1. Wie Sie dieses Buch für sich nutzen können

Dieses Buch ist kein Ersatz für eine ärztliche Diagnostik oder Behandlung. Sollten Sie sich selbst nicht mehr zu helfen wissen, so zögern Sie nicht, die Unterstützung von professionellen Helfern in Anspruch zu nehmen.

Sollten Sie mein Buch »Erfolgreich ohne auszubrennen« bereits gelesen haben, so werden Sie ein paar Gemeinsamkeiten entdecken. Der Burnout-Test ist mit ein paar kleinen Änderungen übernommen worden, und einige Tipps und Ratschläge, insbesondere die Kurzpausen, werden Ihnen bekannt vorkommen. Sie werden in diesem Buch ergänzt und in einem neuen Rhythmus eingesetzt.

Sie müssen das vorliegende Lese- und Arbeitsbuch nicht wie einen Roman von vorne bis hinten durchlesen. Wenn Sie schnelle Hilfe wünschen für ein Problem, dann können Sie auch zielstrebig das entsprechende Kapitel ansteuern, sich die Lösungsvorschläge vornehmen und davon versuchen umzusetzen, was Sie für brauchbar halten. Allerdings bin ich auch immer bemüht zu begründen, warum ich zu dieser oder jener Einschätzung gelangt bin. Die Vorschläge mögen für Sie überzeugender und leichter umzusetzen sein, wenn Sie sich – sei es vor oder nach Sichtung der Übungen – auch die Begründungen ansehen und etwas mehr über neue Daten und Fakten zum Thema Burnout lesen.

- Wenn Sie vor allem aktuelle Fakten zum Thema suchen, finden Sie in Kapitel II »Neues zum Thema Burnout« aktuelle Zahlen und Wissenswertes zum Thema mit einem Schwerpunkt auf arbeitsbedingten Burnout-Erkrankungen.
- Möchten Sie Ihre aktuelle Burnout-Gefährdung einschätzen, so finden Sie in Kapitel III »Bin ich ausgebrannt?« einen Burnout-Selbsttest. Dieser ersetzt keine ärztliche Diagnose, sondern soll Ihnen einen Eindruck davon geben, welche Bereiche leicht und welche Themen eher schwer für Sie sind. In diesem Kapitel finden Sie auch Hinweise zur Früherkennung sowie zur Abgrenzung gegenüber anderen Erkrankun-

gen, wie zum Beispiel einer Depression. Prävention und Früherkennung bilden die wichtigsten Bausteine einer Beschäftigung mit dem Thema Burnout.

- Um mögliche Gründe zu erfahren, weshalb Sie in ein Burnout geraten können, lesen Sie Kapitel VI »Warum brennt mein Job mich aus?« Dabei werden vor allem die Faktoren beleuchtet, die Burnout in Ihrem Erwerbsleben begünstigen.
- Wenn Sie schon einiges über Burnout wissen, können Sie sich auch gleich dem Kapitel V »Wege aus dem Burnout« widmen. Sie finden dort Übungen, Fallbeschreibungen und Tipps zur Burnout-Vorbeugung und zur Verbesserung Ihrer Arbeitsbedingungen. In der Einleitung zu Kapitel 4 finden Sie auf Seite 40 eine Einstiegsübung, anhand der Sie Ihre persönlichen Schwerpunktthemen eingrenzen können. Sie können anschließend gezielt zu den für Sie wichtigsten Unterpunkten weiterblättern. Beginnen Sie möglichst immer mit einer Aufgabe, die Ihnen leicht von der Hand geht, nicht mit der Übung, die die größte Herausforderung an Sie stellt.
- In Kapitel VI finden Kollegen, Vorgesetzte und Mitarbeiter von Burnout-Gefährdeten Unterstützung. Hier werden Möglichkeiten aufgezeigt, wie Sie betroffenen Kollegen helfen können, um die Sie sich sorgen oder die Ihren Arbeits- oder Lebensalltag beschwerlich machen. Mögliche Fallstricke und hilfreiche Verhaltensweisen werden erläutert und typische Verläufe dargestellt.

Dieses Buch ist keine wissenschaftliche Abhandlung, sondern veranschaulicht, aus der Praxis heraus, anhand von Tipps, Ideen und Übungen, wie Sie auch ohne direkte therapeutische Hilfe einige Bereiche Ihres Arbeitslebens aus einem neuen Blickwinkel betrachten und das eine oder andere auf eine neue Weise ausprobieren können. Sollten Sie sich als Leser oder Leserin noch mehr für die Hintergründe und wissenschaftlichen Grundlagen interessieren, so finden Sie im Anhang einige ausgewählte Literaturangaben und Bücher von Kolleginnen und Kollegen, die diesen Bereich stärker ausgeführt haben.

Da dieses Buch viele Übungen enthält, empfehle ich, beim Lesen eine Packung Buntstifte bereitzuhalten. Bringen Sie ein wenig Farbe in Ihr Arbeitsleben!

II. Neues zum Thema Burnout

1. Burnout und seine Folgen

Der amerikanische Psychologe Freudenberger beobachtete 1975 in Drogenberatungsstellen, dass viele junge, vormals hoch motivierte Mitarbeiter schon nach wenigen Arbeitsjahren nur noch abgestumpft und zynisch ihre Arbeit versahen. Er nannte dieses Phänomen Burnout-Syndrom. Anfangs nur bei helfenden Berufen vermutet, entdeckte unter anderen seine Kollegin Christina Maslach die gleiche Symptomatik auch bei Angehörigen anderer Berufsgruppen.

Am Schaffen ist noch keiner gestorben. Dass sie einen aus der Fabrik tragen, weil er zuviel gearbeitet hat, das habe ich noch nicht erlebt.

Werner Niefer (1928–93), dt. Topmanager, 1989–93 Vorstandsvorsitzender Mercedes Benz AG

Schätzungen gehen Jahr für Jahr von einer größeren Anzahl von Burnout-Erkrankten und -Gefährdeten aus. Seit der Jahrtausendwende spitzen sich die Zustände in der Arbeitswelt weiter zu: Globalisierung, Arbeitsverdichtung und Kommunikations-Vervielfachung führen zu einem steten Anstieg der Burnout-Gefährdung und damit zu einem höheren Risiko von Burnout-Folgeschäden.

Die Anzahl der Berufsunfähigkeitsfälle wegen psychischer Beschwerden ist von 1997 bis 2004 um fast 70 % gestiegen. Das Burnout-Syndrom war dabei bislang kein anerkannter Grund für Berufsunfähigkeit. Im Frühjahr 2008 machte der erste Fall von Berufsunfähigkeit wegen Burnout Schlagzeilen: Eine Berufsunfähigkeits-Versicherung hatte nach dreieinhalb Prozessjahren mit Gutachten und Gegengutachten gegen den Kläger den Prozess verloren. Die Versicherung musste Zahlungen in Höhe von über 200 000 Euro leisten. Der Versicherungsnehmer war 20 Jahre lang Manager eines Finanz-Unternehmens, das 14 Milliarden Euro jährlich umsetzte. Täglich 200 Telefonate, mindestens 10 Arbeitsstunden, Geschäftsreisen, kaum Freizeit – das war normal. Dann der Zusammenbruch, Angstzustände, depressiver Einbruch und Zwangssymptomatik, Konzentrationsstörungen. Und schließlich die Empfehlung seines Arztes, aus seinem Beruf auszusteigen: Berufsunfähigkeit durch Burnout.

Im September 2007 berichtete die Süddeutsche Zeitung unter dem Titel »Tod in der Arbeit« über eine Zunahme der Suizide bei Arbeitnehmern französischer Firmen: Renault, Peugeot, EDF. Die Liste ließe sich fortsetzen. Die Suizidanten in Frankreich hatten in der Regel große Verantwortung – eigentlich ein sehr erstrebenswertes Karriereziel. Und doch wandelte sich in diesen Fällen die Verantwortung in zunehmenden Druck.

Von Psychostress gefährdete Arbeitnehmer sind heutzutage meist gut verdienende Führungskräfte. In einer Befragung der Europäischen Stiftung zur Verbesserung der Lebens- und Arbeitsbedingungen (EUROFOUND) – an je 1500 Berufstätigen aus den 15 Mitgliedsstaaten – nehmen hinsichtlich Arbeitsstress Führungskräfte (32 %), Techniker (35 %) und Wissenschaftler (40 %) die Spitzenpositionen ein. Diese Besserverdiener sind kaum gewerkschaftlich organisiert und haben selten Kontakt zum Betriebsrat.

Professor Michael Schumann vom Soziologischen Forschungsinstitut Göttingen bezeichnet die moderne Arbeitswelt als »zunehmend grausam gegenüber dem Individuum«. Die schwedische Wissenschaftlerin Marie Asberg befragte 800 hoch qualifizierte Frauen und Männer, die mehr als drei Monate krankgeschrieben waren. Bis zu ihrer Erkrankung waren sie nie im negativen Sinne aufgefallen, galten als verlässliche, unverzichtbare Leistungsträger, als »die Säulen, auf denen das Unternehmen ruht«.

Zunehmende Arbeitsmenge und Arbeitsdauer für den Erwerbstätigen: ein Phänomen, das in Deutschland vor allem Unternehmensberatern, Bankern und Versicherungskaufleuten zu schaffen macht. Die Unternehmensberatung Kienbaum hat sich durch deutsche Chefetagen gefragt und dabei einen neuen Typus ausgemacht: den Extremjobber. Bei der Befragung gaben über 80 %

der Top-Manager (mit über 200 000 Euro Jahreseinkommen) an, mehr als 50 Stunden, 50 % sogar mehr als 60 Stunden pro Woche zu arbeiten. Und der überwiegende Teil dieser »Viel-Arbeiter« empfindet seinen Zustand über lange Zeit als »angenehm stimulierend«. Sie schätzen diese Lebensphase, in der »man viel schneller lernt«. Sie gilt als »intellektuelle Herausforderung«, und der Begleitstress wird gar als »Lebenselixier« empfunden. Dass solch eine Arbeitsweise mit einem befriedigenden Privatleben nicht in Einklang gebracht werden kann, ist den meisten durchaus bewusst. Die Folgen spüren sie aber oft erst, wenn nach vielen Jahren die Ehe gescheitert, die Hobbys unauffindbar verloren gegangen und die Gesundheit ruiniert ist. Denn die Gefahr ist kaum spürbar: Das Private ist vom Beruflichen immer weniger zu unterscheiden, da soziale Kontakte sowieso hauptsächlich im Job gepflegt werden. Viele dieser Extrem-Jobber fühlen sich daher in der Arbeit wohler als im privaten Umfeld, wo »lästige« Angehörige Stress und Schuldgefühle erzeugen. Im Job dagegen wird die Hingabe rundum honoriert. Waren es früher ungelernte Arbeiter, die unter erbärmlichen Umständen 60 Stunden und mehr arbeiten mussten, so bildet sich jetzt eine postindustrielle Avantgarde, die dieses, sehr im Sinne der Unternehmen, als »freudige Selbstausbeutung« betreibt.

Stress als Lebenselixier

2. Psychostress – Epidemie des 21. Jahrhunderts?

Die Zahl der psychischen Erkrankungen infolge von Arbeitsstress steigt unverändert stark an. 2006 ließen sich nach einer Erhebung der Techniker Krankenkasse 33 000 ihrer 2,5 Millionen Mitglieder krankschreiben, weil sie sich überfordert, unwohl oder müde fühlten. Auf Deutschland hochgerechnet sind dies acht Millionen Krankheitstage wegen psychischer Beschwerden – rund zehn Prozent mehr als im Vorjahr.

Die Weltgesundheitsorganisation WHO und die Weltbank sehen die Depression, also die Erkrankung, die am häufigsten Grund für eine Krankschreibung bei Burnout ist, im Jahr 2030

Direkt hinter AIDS

an zweiter Stelle – direkt hinter AIDS – der Erkrankungen, die, gemessen am Grad der Behinderung und dem Verlust von Lebensqualität, die Menschheit am stärksten belasten. Vor einigen Jahrzenten erschien dies noch unvorstellbar: Ein psychisches Leiden, das schwerer wiegen könnte als Seuchen, Unfälle oder andere gesundheitliche Gefährdungen. Viele Infektionskrankheiten sind besiegbar, andere körperliche Gefahren sind minimiert: Die seelische Befindlichkeit nimmt einen immer größeren Stellenwert ein. Auch aufseiten des betrieblichen Gesundheitsschutzes zeichnet sich diese Entwicklung ab: Schon seit 1997 gilt in den Ländern der Europäischen Union das europäische Arbeitsschutzgesetz, das insbesondere auch psychischen Krankheiten vorbeugen soll. Nicht nur körperliche Risikofaktoren am Arbeitsplatz sollen beseitigt werden, auch Gefahren für die psychische Gesundheit der Mitarbeiter sollen gebannt werden. Die Umsetzung allerdings ist schwierig. Die schlechte Messbarkeit von psychischen Belastungen, fehlende Standards sowie starke individuelle Schwankungen bei dem Grad, in dem Menschen auf Stress reagieren, machen Berufstätigen, Unternehmen und Versicherungsträgern die Arbeit schwer. Zudem gibt es bislang kaum anerkannte Berufskrankheiten, die auf Stress und dessen Folgen zurückzuführen sind. Körperliche Gesundheitsgefahren sind in Dezibel, Asbest und deren Auswirkungen als Hörminderung und Verringerung der Lungenkapazität zu messen. Wie aber kann der Einfluss von schlecht gelaunten Vorgesetzten, von nicht nachvollziehbaren Erfolgskriterien oder von zu kurzen und unstrukturierten Einarbeitungszeiten gemessen und bewertet werden?

Und der Home-Officer schaut zu …

Zudem stellen manche, zunächst als Fortschritt zu wertende, Errungenschaften der modernen Arbeitswelt eine psychische Belastung dar. Am Wochenende und im Urlaub das Handy abhören, E-Mails beantworten, nach Feierabend und bis spät nachts arbeiten (vom Home-Office aus heutzutage kein Problem): Die Gleitzeit oder »Vertrauensarbeitszeit« hat bei manchem statt zu mehr Freiheit zu mehr Arbeit geführt. Zwar können Beschäftigte so in der Regel mehr Zeit mit ihren Familien und Freunden verbringen, doch verlagert sich das drahtlose Büro zunehmend in Cafés, Bars, ins Wohn- oder Esszimmer oder auf den Balkon. Und der »Home-Officer« schaut zu, während die Freunde schon am Grill beisammensitzen.

Anfang 2008 erschien eine Studie des Bundesarbeitsministeriums mit dem Titel »Unternehmenskultur, Arbeitsqualität und Mitarbeiterengagement in den Unternehmen in Deutschland«. Nach dieser (weltweit bis dahin größten) Untersuchung an über 37 000 Arbeitnehmern sind lediglich 31 % der Beschäftigten aktiv und engagiert bei der Arbeit. 37 % sind zwar ganz zufrieden, aber wenig engagiert, 32 % sind gar unzufrieden und desinteressiert. Die Anzahl der »völlig Zufriedenen« sank von 2001 bis 2006 von 16 auf nur noch 6 % der Befragten. Erstmals konnte auch ein statistischer Zusammenhang zwischen Mitarbeiterengagement und Unternehmenserfolg nachgewiesen werden. Demnach hängen 30 % des finanziellen Erfolgs eines Unternehmens davon ab, ob die Beschäftigten mit ihrer Arbeit zufrieden sind oder nicht. Vor allem der Stolz auf die Firma und die Identifikation mit dem Unternehmen spielen dabei herausragende Rollen. Für Manager und Personaler sollte dies mehr denn je heißen: Mitarbeiter können und dürfen nicht mehr als »austauschbare Verschiebemasse« betrachtet werden – Mitarbeiter *sind* der Unternehmenserfolg. Wenn man ihre Talente fördert, sich um ihre Motivation kümmert, ihre Arbeitsbedingungen kritisch hinterfragt und im Dialog versucht, diese zu optimieren, profitiert das Unternehmen *mit* seinen Angestellten.

Alle Lebewesen außer den Menschen wissen, dass der Hauptzweck des Lebens darin besteht, es zu genießen.

Samuel Butler

Obwohl immer neue Studien Anlass zur Besorgnis geben und anmahnen, dass es höchste Zeit ist, die Unternehmenskultur zu stärken, ist das Thema Arbeitszufriedenheit und deren Auswirkungen auf die Produktivität von Unternehmen eines der heikelsten in Führungsetagen. Unternehmen haben nicht umsonst Angst vor den »weichen« Arbeitsfaktoren, wie Arbeitszufriedenheit oder Mitarbeitermotivation. Diese sind schwerer messbar als »harte« Parameter, wie z. B. die Feinstaubbelastung am Arbeitsplatz. Führungskräfte fürchten häufig ihre eigene Verantwortlichkeit, da immer klarer wird, dass der Einfluss der Vorgesetzten auf das gesundheitliche Wohl ihrer Mitarbeiter sehr groß ist. Und sich selbst zu verändern, ist bekanntlich am schwierigsten.

Bislang errechnete man die Investitionen in die Belegschaft als Summe der Personalkosten. Diese Methode ist aber sehr pauschal und berücksichtigt zum Beispiel nicht die Motivationslage der Mitarbeiter oder ihren aktuellen Wissensstand. Das Institut für Managementkompetenz an der Universität des Saarlandes hat eine neue Bewertungsmethode entwickelt, in der diese Punkte berücksichtigt werden. Sie messen den »Humankapitalwert« eines Unternehmens anhand der Zahl der Mitarbeiter, der aktuellen Marktpreise (Gehälter), der Ausstattung mit aktuellem Wissen sowie der Motivationslage der Mitarbeiter. So können Firmen, die ihren Ertrag bestmöglich maximieren, wie in Deutschland zum Beispiel BASF, Eon oder RWE, ein geringeres Humankapital pro Mitarbeiter haben. Was vor allem längerfristig zu bedrohlichen Personalsituationen führen kann, wenn die hoch begehrten Fachkräfte zu Unternehmen wechseln, die ihnen bessere Arbeitsbedingungen, zum Beispiel durch eine höhere Motivationslage der Mitarbeiter, bieten können. Zu den größten Humankapitalisten in Deutschland gehören nach dieser Messmethode SAP, Lufthansa und BMW, das niedrigste Humankapital weist die Hypo-Real-Estate-Holding auf.

3. Immer mehr Lösungsansätze

Aber es gibt auch mehr und mehr positive Entwicklungen. Durch die demografische Entwicklung in Westeuropa und durch die zunehmende Globalisierung ist nicht nur der Arbeitsdruck gestiegen, sondern auch die Konkurrenz um die besten Köpfe entbrannt. Zunehmend spielt daher eine Rolle, was und wie Unternehmen in und für ihre Mitarbeiter investieren.

Betriebliches Gesundheitsmanagement als Wettbewerbsvorteil

In vielen Unternehmen, im öffentlichen Dienst und in anderen Institutionen wird dem Bereich *Betriebliches Gesundheitsmanagement* zunehmend Bedeutung zugemessen. In Personalabteilungen werden Arbeitskreise oder eigene Unterabteilungen zur Gesundheitsförderung geschaffen. Die seelische Gesundheit spielt dabei, insbesondere im Dienstleistungssektor, eine immer größere Rolle. Z.B. haben die Stadtverwaltungen der Städte Düsseldorf, Freiburg und München in den letzten Jahren ausgefeilte Programme zur Gesundheitsförderung ihrer Mitarbeiter entwickelt. Auch Banken, wie die HSH Nordbank in Bremen, stellen Infrastruktur für betriebliches Gesundheitsmanagement zur Verfügung. Aber auch die ThyssenKrupp Steel AG investiert in Gesundheitsförderung, bietet Gesundheitschecks und mehr an. In vielen größeren Unternehmen stehen in der Mittagspause nicht nur eine Kantine und Cafés, sondern auch Fitnessgeräte, Wellness-Behandlungen und Entspannungstraining zur Verfügung. Auch als Incentives oder statt finanzieller Erfolgsprämien werden immer häufiger Personal-Coaching, Gesundheitstraining etc. vergeben. Betriebliches Gesundheitsmanagement ist seit 2003 an der Universität Bielefeld ein gefragter eigener Master-Studiengang mit innovativen Ansätzen. Das Deutsche Netzwerk für betriebliche Gesundheitsförderung veranstaltet zum wiederholten Mal den Kongress »Wettbewerbsvorteil Gesundheit« und stößt dabei auf wachsendes Interesse. Zwischen Universitäten, Versicherungsträgern und Unternehmen werden dort tragfähige Konzepte für betriebliches Gesundheitsmanagement entwickelt.

Seminare für Mütter und Väter

Auch Krankenkassen, wie die BKK, die Techniker Krankenkasse oder die Siemens-Betriebskrankenkasse, haben eigene Programme zur Unterstützung von Burnout-Gefährdeten entwickelt. So bietet die Techniker Krankenkasse seit einigen Jahren Burnout-Seminare für Frauen, seit 2008 auch für Männer an. Der Bedarf ist groß: So wurden 2008 bundesweit über 25 Seminare für Mütter und mehr als 15 für Väter von der Krankenversicherung gefördert.

Die europäische Stiftung zur Verbesserung der Lebens- und Arbeitsbedingungen hat 2004/2005 in 21 000 Unternehmen aus 21 Staaten der EU die Arbeitszeit und die Vereinbarkeit von Arbeits- und Privatleben untersucht. Als hauptsächliche positive Auswirkungen von flexiblen Arbeitszeitregelungen nannten die Betriebe die größere Arbeitszufriedenheit, eine bessere Anpassung an die Auftragslage, geringere Fehlzeiten und weniger Überstunden. Wenn man den Einfluss einer hohen Arbeitszufriedenheit der Mitarbeitenden auf die Zufriedenheit der Kunden, die Auswirkungen einer guten Motivation der Mitarbeitenden, eine höhere Arbeitsplatzattraktivität, eine gute Identifikation mit dem Betrieb und ein gutes Image in der Öffentlichkeit mitrechnet, so wird klar, dass auch die Betriebe von diesen Maßnahmen profitieren.

Das Bayerische Staatsministerium für Umwelt, Gesundheit und Verbraucherschutz hat in den vergangenen Jahren in Kooperation mit verschiedenen Hochschulen diverse Tools zur Verbesserung der betrieblichen Gesundheit entwickelt und stellt diese zum Teil kostenlos zur Verfügung. Bildungsanbieter und Firmen, die ein Gesundheitsmanagement einführen wollen, können hier Handlungsleitfäden und EDV-Tools herunterladen. Studien beweisen ein durchschnittliches Kosten-Nutzen-Verhältnis derartigen Investitionen (return on investment) von 1:3 bis 1:6.

Die Universität Duisburg-Essen und der Deutsche Gewerkschaftsbund unterstützen seit 2007 eine Studie zur Verbesserung der Arbeitsbedingungen zur Vermeidung von Burnout (»Präventiver Gesundheitsschutz in der IT-Branche«). Die Studie ist über einen Zeitraum von drei Jahren angelegt. Ziel ist es, Interventionsstrategien für einen präventiven Schutz vor Burnout für große, mittlere und kleine IT-Unternehmen zu entwickeln. Zusammen mit Partnern aus Unternehmen, Verbänden, Gewerkschaften und Weiterbildungsträgern werden dabei passgenaue Konzepte für die verschiedenen Betriebsgrößen erarbeitet.

III. Bin ich ausgebrannt?

Beispiel

Thomas Deckstein, leitender Ingenieur in einem Maschinenbaubetrieb, ist fix und fertig. Was ist los mit ihm? Seit Monaten wird die Arbeit immer anstrengender. Dabei war dies doch mal sein Traumjob! Aber er fühlt sich bedrückt, erschöpft und hat immer häufiger diese lästigen Magenschmerzen. Ist das nur ein kurzes Zwischentief? Soll er einfach mal ein Wochenende durcharbeiten, um wieder auf Zack zu kommen, so wie er es früher immer gemacht hatte? Oder sollte er doch zum Arzt gehen, wie seine Frau ihm rät?

Die Frage »Bin ich ausgebrannt« kann in diesem Kapitel nicht umfassend beantwortet werden. Eine Diagnose sollte immer ein Experte, also Ihr Arzt oder Psychologe, stellen. Ich möchte Ihnen Anhaltspunkte geben, an welchen Signalen Sie ein Burnout-Syndrom erkennen können und vor allem, wann es unbedingt nötig ist, professionelle Hilfe in Anspruch zu nehmen.

1. Burnout, Depression – oder doch nur ein »Durchhänger«?

Kaum jemand kommt heutzutage ohne Phasen starker Beanspruchung durchs Berufsleben. Manchmal muss man ein paar Monate richtig »ranklotzen«. Und ist danach ganz schön ausgelaugt. Aber – ist das jetzt schon ein Burnout?

Es ist nicht ganz einfach, vorübergehende Unlust am Beruf zu unterscheiden von einem ernst zu nehmenden Burnout-Syndrom. Folgende Hinweise helfen bei der persönlichen Einordnung einer Schwächephase:

1. Die Dauer des »Durchhängers« ist für Ihr Empfinden und für das Empfinden Ihres Umfeldes (Ihrer Angehörigen, Freunde und vertrauter Kollegen) zu lang. Wenn Sie zum Beispiel normalerweise ein Wochenende brauchen, um sich von einem anstrengenden Projekt zu erholen, so brauchen Sie jetzt deutlich mehr Zeit.
2. Der Vergleich mit bisherigen Phasen in Ihrem (Berufs-)Leben: Sind Sie, anders als früher, extrem gereizt? Oder ist Ihnen das, was beruflich und privat passiert, immer öfter und mehr völlig egal? Haben Sie sich, anders als früher, wegen Ihres »Durchhängers« schon einmal krankgemeldet, womöglich über längere Zeit? Suchen Sie plötzlich nicht mehr den Beistand von Freunden und Angehörigen, obwohl Sie eigentlich ein geselliger Mensch sind?
3. Wenn es Ihnen nicht mehr gelingt, zu regenerieren: Sie können auf Ihre bewährten Erholungsprogramme nicht mehr zugreifen, weil Sie entweder seit Monaten keine Zeit mehr dafür haben oder weil nichts mehr greift, weil also Ihre bewährten Ruheinseln Sie nicht mehr von Ihrer Anspannung »runterbringen«.

Überlegen Sie vor allem, ob sich das Tief, in dem Sie stecken, von anderen Krisen in Ihrem Leben unterscheidet, in Art und in Dauer. Fragen Sie am besten Angehörigc, enge Freunde oder gute Kollegen, ob ihnen etwas an Ihrem Verhalten ungewöhnlich erscheint. Versuchen Sie nun zunächst, sich aus eigener Kraft wieder zu erholen. Greifen Sie auf bewährte Erholungsrituale zurück. Klappt es nicht, wenn Sie eines Ihrer bewährten Relaxprogramme anwenden, so können Sie versuchen, sich ein oder zwei Wochenenden freizunehmen oder ein paar Urlaubstage einzuschalten. Gelingt es Ihnen auch so nicht, wieder zu Kräften zu gelangen, so ist die Gefahr groß, dass Sie auf dem besten Weg sind, in ein Burnout hineinzugeraten.

Auf Bewährtes zurückgreifen

Burnout oder Depression?

Was unterscheidet ein Burnout-Syndrom von einer Depression? Vereinfacht gesagt ist Burnout das Warnsignal, welches eine Depression, oder auch eine andere Erkrankung, anzeigt.

Das Burnout-Syndrom ist nach der internationalen Klassifikation der Krankheiten (ICD-10) keine Diagnose. Es zählt zu den Faktoren, die dazu führen, das Gesundheitssystem in Anspruch zu nehmen. Häufig ist also die zunehmende Erschöpfung der *Grund*, einen Arzt aufzusuchen. In der Regel ist die Erschöpfung kombiniert mit verschiedenen körperlichen Beschwerden, die bei vermehrtem Stress auftreten (zum Beispiel Magen-Darm-Beschwerden, Herzrhythmusstörungen, Ohrgeräusche oder muskuläre Verspannungen). Die Diagnose, die gestellt wird, ist meist eine depressive Erkrankung, eine Angststörung oder eine somatoforme Störung (auch psychosomatische Erkrankungen genannt, also körperliche Beschwerden ohne nachweisbare körperliche Ursache). Ärzte sprechen auch von einer »Erschöpfungsdepression« oder einer »depressiven Reaktion« auf lang anhaltende, erschöpfende Belastungen.

Die Unterscheidung von Depressions- und Burnout-Symptomen ist daher nicht einfach. Viele Symptome, wie Antriebslosigkeit, Gereiztheit, Leistungseinschränkung oder Verlust von Selbstvertrauen, finden sich in beiden Fällen. Die Erst-Diagnostik sollten Sie daher in jedem Fall von einer Fachärztin oder einem Facharzt für Psychiatrie oder Nervenheilkunde durchführen lassen. Hier können auch mögliche körperliche Ursachen Ihrer Beschwerden festgestellt werden, zum Beispiel Schilddrüsenfunktionsstörungen oder hormonelle Störungen. Diese müssen gegebenenfalls mitbehandelt werden.

Ein paar Worte zu Psychopharmaka

In manchen Situationen, wie zum Beispiel bei lang anhaltenden, quälenden Schlafstörungen oder anderen gravierenden Symptomen, können auch Medikamente helfen. Medikamente zur Besserung einer Depression, sogenannte Antidepressiva, machen nicht abhängig und sind nebenwirkungsarm. Sie können Nerven-Botenstoffe »ersetzen«, die bei schweren Depressionen nicht in ausreichender Menge im Gehirn vorhanden sind. Dies ist vergleichbar mit der Behandlung eines Diabetes: Insulin, das zur Aufnahme von Zuckerstoffen in die Körperzellen benötigt wird, wird nicht in ausreichender Menge produziert und muss durch Injektionen ersetzt werden, damit der Körper nicht innerlich »verhungert«. Ähnlich ist die Situation bei manchen Formen der Depression: Die Botenstoffe für Zufriedenheit und Antrieb sind nicht in ausreichender Menge vorhanden, der Betroffene ist traurig und antriebslos. Lassen Sie sich von Ihrem Arzt beraten, ob eine Mitbehandlung Ihrer Symptomatik mit Medikamenten sinnvoll ist. Kein Diabetiker würde heutzutage auf Insulin verzichten!

Schwere Symptome erfordern medikamentöse Unterstützung – wie beim Diabetes

Auch eine große Studie, die Anfang 2008 Schlagzeilen machte und in der die Wirksamkeit von Antidepressiva angezweifelt wurde – die Wirkung sei kaum besser als die von Placebos –, widerspricht dem nicht. Denn gerade bei schweren depressiven Symptomen bleiben auch bei dieser Neubewertung die antidepressiven Wirkstoffe den Placebos überlegen. Klienten, die unter starken Beeinträchtigungen leiden, profitieren in der Regel von der medikamentösen Behandlung, und auch in der psychotherapeutischen Behandlung werden manche entscheidenden Schritte erst möglich, wenn schwere Symptome medikamentös gelindert werden. Beispiele für schwerwiegende Symptome sind: seit vielen Jahren bestehende, hartnäckige Schlafstörungen, eine zwanghafte Symptomatik (zum Beispiel ein Kontrollzwang oder immer wiederkehrende, grüblerische Gedanken), massive Angstsymptomatik (zum Beispiel extreme Angst davor, vor Gruppen zu reden). In diesen Fällen sind Patienten durch die medikamentöse Behandlung oft in großem Maße erleichtert und in ihrem Alltag gelöster.

Leider noch keine zuverlässige Voraussage möglich

Eine wichtige Hürde, die bei der Einnahme von Psychopharmaka zu nehmen ist, ist allerdings die Unsicherheit in der Vorhersage der Wirkung. Anders als zum Beispiel beim Diabetes kann man im Vorhinein nicht sagen, welches Medikament helfen wird. Beim Diabetes messen Sie vorher den Blutzuckerspiegel und können genau die entsprechend notwendige Menge an Insulin berechnen und anschließend spritzen. Bei Psychopharmaka ist bisher eine solche Abschätzung leider nicht möglich. Die

Medikamente müssen »durchprobiert« werden – und das ist, zu allem Übel, bei Psychopharmaka auch noch ein Prozess, der sich über Wochen hinzieht. Und zwar mehrere Wochen pro Medikament! Während dieser Zeit leidet der Patient oder die Patientin nicht nur unter den Symptomen (wie zum Beispiel Panikattacken oder schwere Schlafstörungen), sondern womöglich auch noch unter, meist nur anfangs auftretenden, in der Regel harmlosen, aber lästigen, Nebenwirkungen. Aufgrund der Symptomatik kann der behandelnde Arzt bei entsprechender Kenntnis und Erfahrung zwar abschätzen, welches Präparat in der Regel spezifischer auf die bestehenden Symptome wirkt. Leider lässt sich aber oft erst nach Wochen eine verlässliche Aussage darüber machen, ob überhaupt ein Medikament hilft, und wenn, welches. Dies ist ein mitunter sehr belastender Prozess. Dennoch erlebe ich immer wieder, wie erleichtert Patienten sind, wenn hartnäckige und einschränkende Symptome plötzlich verschwinden und der kraftzehrende Kampf dagegen zur Ruhe kommen kann.

2. Phasen und Symptome des Ausbrennens

Ausgebranntsein ist keine Diagnose, sondern ein Grund, zum Arzt, zum Physiotherapeuten oder Psychotherapeuten zu gehen. In der Literatur gibt es daher keine einheitliche Beschreibung von Symptomatik und Verlauf, sondern eine Fülle an Phaseneinteilungen. Aus meiner Erfahrung mit Patienten und Seminarteilnehmern, die ich darin anleiten will, ein drohendes Ausbrennen so früh wie möglich zu erkennen, halte ich eine Einteilung in drei Phasen für sinnvoll und praktisch.

Ich erkläre den Verlauf und die Gefahren eines Burnout gern anhand einer Ampel: Wenn die Ampel, auf die wir zufahren, auf Grün steht (d.h. in der ersten Phase des Burnout, der *Erschöpfungsphase*), müssen wir wissen, wo die Bremse ist. Es ist in der Regel sogar zu empfehlen, den Fuß schon einmal auf das Bremspedal zu legen, um vor der Kreuzung auf jeden Fall schnell anhalten zu können. Bei Gelb (in der zweiten Phase, der Phase der *Depersonalisation*) müssen wir, um sicherzugehen, bereits bremsen, wenn wir kein Risiko eingehen wollen. Denn Gas geben will jetzt wohl bedacht sein. Bei Rot (also in der letzten Phase, der *Leistungseinschränkung*) ist es zu spät, um die Bremse erst zu suchen. Wir müssen bereits gebremst haben, sonst gibt es einen Unfall mit Schäden und Folgeschäden für uns und möglicherweise auch für andere Verkehrsteilnehmer.

In Phase I:
Warnsignal:
Sich nicht mehr erholen können

Was tun?
Körperliche und psychische Signale wahrnehmen, Regenerationsmöglichkeiten (wieder-) entdecken

In *Phase I (Emotionale Erschöpfung)* fühlen sich die Betroffenen im Job frustriert und ausgelaugt. Sie verlieren die Fähigkeit, in ihrer Freizeit zu regenerieren. Positive Energie und Schwung für einen neuen Arbeitstag nehmen immer mehr ab. Die Symptome der emotionalen Erschöpfung sind oft bei Frauen stärker ausgeprägt als bei Männern. »Meine Wochenenden wurden zunehmend ›schwierig‹. Woche für Woche brauchte ich länger, um vom Job abzuschalten. Erst ging der Freitagabend drauf, dann der Samstag, und schließlich dauerte es immer häufiger bis Sonntagnachmittag, damit ich mich nicht mehr wie ›unter Strom‹ fühlte.«

Nicht mehr regenerieren können bedeutet, dass der persönliche Akku nicht mehr aufgeladen werden kann. Dies kann bildlich gesprochen zum einen daran liegen, dass Sie nicht mehr wis-

Info

1. Phase: Emotionale Erschöpfung:

   Hierzu gehören: • Gefühl des Ausgebranntseins • Frustration • Verlust der Fähigkeit zu regenerieren

2. Phase: Depersonalisation

   Hierzu gehören: • Gereiztheit • Gleichgültigkeit • Gefühllosigkeit gegenüber Mitarbeitern und Kunden • Kontaktvermeidung

3. Phase: Leistungseinschränkung

   Hierzu gehören: • Verlust von Selbstvertrauen • negative Selbsteinschätzung • wenige positive Erlebnisse • Verlust von Kompetenz- und Effizienzgefühl • reduzierte Produktivität • Rückzug: Arbeitsunfähigkeit • Kündigung

sen, wo Sie das Ladegerät hingelegt haben. Und das Suchen wäre jetzt wirklich zu aufwendig! »Wird schon noch für das nächste Telefonat oder ein paar SMS reichen …« Auf Ihre persönliche Energie übertragen heißt das: Sie nehmen sich keine Zeit mehr oder zu wenig Zeit dazu, sich zu erholen.

Wenn Sie bereits nicht mehr wissen, womit Sie regenerieren können (wie viele meiner Patienten, die sich anfangs kaum an Hobbys erinnern können, die sie einmal ausgeübt haben), bedeutet dies: Sie finden Ihr Ladegerät nicht mehr oder wissen nicht mehr, welches das richtige Gerät für Ihren Akku ist.

Eine weitere Möglichkeit ist, dass Sie das Ladegerät durchaus finden, es aber nicht funktioniert. Irgendetwas stimmt nicht, die Energie gelangt nicht in den Akku, um ihn aufzuladen: Das, was Ihnen ansonsten immer hilft zu regenerieren (zum Beispiel Schlafen, Musizieren, Sport etc.), bringt keine Erholung mehr. Nun müssen Sie erst das Ladegerät reparieren (d. h. alte Regenerationsmöglichkeiten wieder »einüben«, damit sie wieder »funktionieren«). Oder Sie müssen gar ein neues Ladegerät kaufen (also neue Möglichkeiten der Regeneration erlernen).

In Phase II:
Warnsignal: Kontaktvermeidung!

Was tun? Bewusst Kontakt zu guten Freunden suchen, Regenerationsmöglickeiten wahrnehmen, professionelle Hilfe aufsuchen

Ganz schlimm ist es, wenn nicht das Ladegerät, sondern der Akku selbst kaputt ist. Denn da hilft die beste Regenerationsmöglichkeit nicht: Sie müssten sich neu kaufen. Und wie soll das gehen?

In *Phase II (Depersonalisation = »Entpersönlichung«)* kommt es zu Gereiztheit und schließlich zu Gleichgültigkeit in Beruf und Privatleben. Daraus erwächst eine Gefühllosigkeit gegenüber Mitarbeitern und Kunden. Resignation stellt sich ein. Schließlich kommt es zu einer weitgehenden Kontaktvermeidung, um sich Emotionen so wenig wie möglich aussetzen zu müssen. Die Folge: Nichterscheinen oder nur passive Mitarbeit in Teambesprechungen, Konferenzen und Meetings. Die Eigeninitiative geht zurück. Spätestens hier sollte Kontakt zum Arzt oder Psychotherapeuten aufgenommen werden, um Chronifizierung und langwierige Arbeitsunfähigkeit zu verhindern. »Ohne meinen netten Kollegen hätte ich es gar nicht gemerkt. Er ließ nicht locker. Immer wieder hat er sich gemeldet, immer wieder nachgefragt. Und mir schließlich auch mitgeteilt, dass auch der Chef schon nachgefragt habe, was denn mit mir los sei. Erst da machte es ›klick‹. Seit Monaten hatte ich mich mehr und mehr hinter meinem Rechner vergraben, war kaum mehr an der Kaffeetheke zu sehen. Meetings versuchte ich nach Möglichkeit zu streichen, sooft es ging, und selbst wenn ich dort anwesend war, war ich nicht wirklich da.« Lukas B., Softwareentwickler

In Phase III: **Warnsignal:** Negative Selbsteinschätzung

Was tun? Notbremse ziehen! Schnellstmöglich professionelle Hilfe (Hausarzt, Psychiater oder Nervenarzt) annehmen

Phase III (Leistungseinschränkung) ist gekennzeichnet durch zunehmenden Leistungsabfall. Der Verlust von Selbstvertrauen und eine negative Selbsteinschätzung führen zu einem Mangel an positiven Erlebnissen. Erfolge werden als solche nicht mehr wahrgenommen. Es kommt zu massivem Verlust von Kompetenz- und Effizienzgefühl und schließlich zu reduzierter Produktivität. Meist nehmen Außenstehende erst an diesem Punkt das Ausbrennen ihrer Mitarbeiter, Kollegen oder Familienangehörigen wahr. Häufig ist dann ein Rückzug durch Arbeitsunfähigkeit, Kündigung oder Frührente nicht mehr vermeidbar. »Nach dem Meeting bin ich nach Hause gegangen und habe erst mal zwei Tage lang die Wohnung nicht mehr verlassen. Ich konnte mich kaum mehr aufrichten, so schlecht wurde mir beim Gedanken an meine Arbeit. Ich hatte versagt, ich war völlig ungeeignet für diesen Beruf, für diese Stelle. Seit Monaten hatte ich nichts mehr Vernünftiges zustande gebracht. Wohin war meine Begeisterung für meinen Job verschwunden?« Martin K., Projektleiter Maschinenbau.

Körperliche Symptome

Relativ unspezifisch, aber dennoch häufig, treten körperliche Störungen auf. Am häufigsten sind dies Symptome aus dem Bereich der sogenannten somatoformen Störungen, die typischen psychosomatischen Symptome. Also körperliche Symptome, bei denen auch nach sorgfältiger ärztlicher Abklärung keine körperlichen Ursachen gefunden werden können. Hierzu gehören in erster Linie:

- Herzbeschwerden (Herzklopfen, unregelmäßiger Herzschlag)
- Beschwerden des Magen-Darm-Traktes (Schmerzen, Brennen, Enge, Blähungen, Durchfall)

- Häufiges Wasserlassen oder Schmerzen beim Wasserlassen
- Husten und Atemstörungen
- Schmerzen im Bewegungsapparat oder Kopfschmerzen

Auch wechselnde, verschiedenartige körperliche Symptome ohne nachweisbare körperliche Ursache können Ausdruck eines Burnout-Syndroms sein. Diese gehen unter Umständen so weit, dass sie familiäre und soziale Bindungen des Betroffenen beeinträchtigen. Die körperlichen Beschwerden können in allen Phasen eines Burnout auftreten, oft gehen sie einem Ausgebranntsein auch schon um Wochen oder Monate voraus.

In der Prävention des Burnout nutze ich diese Symptome häufig mit meinen Patienten und Seminarteilnehmern im Sinne eines »Warn-Signals«. So berichten Patienten nach der Behandlung, dass sie nun, wenn sie »ihr« Warn-Signal, wie zum Beispiel ein Ohrgeräusch (Tinnitus), Magenbeschwerden, Herzrasen, Schwindel, Rückenschmerzen oder Schlafstörungen, wahrnehmen, das Arbeitspensum herunterschrauben und sich mehr Zeit für Regenerationsmöglichkeiten einräumen.

3. Fragebogen zum Burnout

Die zwei bekanntesten Fragebögen zum Thema Burnout sind der Maslach Burnout Inventory (MBI) und der Tedium Measure (TM) von Pines und Aronson. Ein sehr guter deutschsprachiger Fragebogen ist das Hamburger Burnout Inventar (HBI) nach Burisch. Da diese Burnout-Messinstrumente aber aufwendig und zum Teil nicht in deutscher Sprache einsetzbar sind, möchte ich Ihnen anhand einer an den MBI angelehnten Checkliste helfen, einen Einblick in Ihre augenblickliche Burnout-Gefährdung zu bekommen. Ziehen Sie bei Zweifeln immer Ihre Ärztin oder Psychotherapeutin zu Rate.

Bitte beantworten Sie nach Ihrem ersten Impuls, bleiben Sie bei Ihrem Gefühl – seien Sie ehrlich mit sich selbst. Wie häufig erleben Sie die in den Fragen dargestellten Gefühle? Tragen Sie

Frage	Trifft fast nie zu	Trifft selten zu	Trifft manchmal zu	Trifft häufig zu	Trifft fast immer zu
	1 Punkt	2 Punkte	3 Punkte	4 Punkte	5 Punkte
1. Ich fühle mich durch meine Arbeit ausgebrannt					
2. Der direkte Kontakt mit Menschen in meiner Arbeit belastet mich stark					
3. Ich fühle mich durch meine Arbeit emotional erschöpft					
4. Ich fühle mich durch meine Arbeit frustriert					
5. Ich glaube, dass ich nicht mehr weiterweiß					
6. Am Ende des Arbeitstages fühle ich mich verbraucht					
ZWISCHENSUMME 1 Erschöpfung: ________________		+	+	+	+
7. Ich befürchte, dass diese Arbeit mich emotional verhärtet					
8. Es macht mir nicht wirklich viel aus, was mit manchen meiner Kollegen/Mitarbeiter/Kunden/Klienten passiert					
9. Seitdem ich diese Arbeit ausübe, bin ich gefühlloser im Umgang mit Menschen geworden					
10. Ich reagiere gereizt auf im Grunde normale Fragen und Anregungen in meiner Arbeit					
11. Ich habe meine dienstlichen Kontakte reduziert (persönlich, telefonisch, per E-Mail)					
ZWISCHENSUMME 2 Depersonalisation: ________________		+	+	+	+
12. Es ist leicht für mich, eine entspannte Atmosphäre in meinem Job herzustellen					
13. Ich fühle mich sehr tatkräftig					
14. Ich gehe ziemlich erfolgreich mit meinen beruflichen Herausforderungen um					
15. Ich habe das Gefühl, dass ich durch meine Arbeit das Leben anderer Menschen positiv beeinflusse					
16. Ich habe in meiner Arbeit viele lohnenswerte Dinge erreicht					
ZWISCHENSUMME 3 Leistung: ________________		+	+	+	+

bitte für die Antwort »Trifft fast nie zu« eine »1«, für »Trifft selten zu« eine »2«, für »Trifft manchmal zu« eine »3«, für »Trifft häufig zu« eine »4« und für die Antwort »Trifft fast immer zu« eine »5« in die Tabelle ein. Addieren Sie in der Zeile »Zwischensumme 1« die Zahlen der Antworten 1–6, in der Zeile »Zwischensumme 2« die Zahlen der Antworten 7–11 und in der Zeile »Zwischensumme 3« die Zahlen der Antworten 12–16.

Auswertung

1. *Emotionale Erschöpfung*

   Ihr Gesamtwert für die **Zwischensumme 1** liegt

a) unter 10 Punkten: Sie sind nicht oder nur wenig erschöpft. Sie können sich gut erholen, haben ausreichende Möglichkeiten, sich in Beruf und Freizeit zu regenerieren, und praktizieren diese regelmäßig und in einem für Sie passenden Rhythmus.

b) zwischen 10 und 20 Punkten: Sie sind an der Grenze zur emotionalen Erschöpfung und sollten schnellstmöglich Ihre Regenerationsmöglichkeiten überdenken. Wie lange brauchen Sie, um von einem anstrengenden Arbeitstag zu entspannen? Wie lange dauert es, bis Sie im Urlaub abschalten können? Können Sie aus dem Stegreif fünf Möglichkeiten nennen, bei denen Sie sich entspannen können? Wie oft praktizieren Sie diese Möglichkeiten und in welchem Rhythmus?

c) über 20 Punkten: Sie müssen dringend Ihre Regenerationsfähigkeit erhöhen. Mit welchen Methoden entspannen Sie oder, falls das kaum mehr möglich ist, womit haben Sie früher (in der Berufsausbildung, Schulzeit, im Urlaub oder während einer anderen ruhigen Zeit) entspannt? Wie können Sie diese Möglichkeiten wiederentdecken?

2. *Depersonalisation: Entpersönlichung des Kontaktes* (d.h. Kontakte werden weniger persönlich) mit den Menschen, denen Sie in Ihrer Arbeit begegnen (Kunden, Klienten, Mitarbeiter, Kollegen)

Ihr Gesamtwert für die **Zwischensumme 2** liegt

a) unter 9 Punkten: Sie sind engagiert und können Ihre Emotionen in Ihrer Arbeit einfließen lassen. Wut, Enttäuschungen oder freudige Erlebnisse im Beruf halten sich die Waage, Sie nehmen davon nur gelegentlich etwas »mit nach Hause« und können Ihre beruflichen Sorgen in der Regel gut verarbeiten. Im Kontakt zu Kollegen/Mitarbeitern/Kunden/Klienten sind Sie aufgeschlossen, halten Augenkontakt und können sich immer wieder gut in andere Menschen einfühlen. Sie bekommen Ihre gute Kontaktfähigkeit gelegentlich von Menschen positiv zurückgemeldet, die mit Ihnen zu tun haben.

b) zwischen 9 und 18 Punkten: Ihr Engagement und Ihre Kontaktfähigkeit gehen zurück. Emotional sind Sie distanzierter, öfter als früher sind Sie gereizt oder müssen Ihre Gefühle »herunterschlucken«. Sie beginnen, sich in Teambesprechungen zurückzuziehen, übernehmen weniger Aufgaben, interessieren sich weniger für Dinge und für Personen in Ihrer Umgebung.

c) über 18 Punkten: Sie sind häufig gereizt und merken dies auch mehr und mehr an den Reaktionen in Ihrer Umgebung. In Besprechungen ziehen Sie sich innerlich zum Teil völlig zurück, sind nur noch »körperlich anwesend«, übernehmen ausschließlich Routineaufgaben. Immer häufiger sagen Sie Termine ab. Sie telefonieren nur noch, wenn es unbedingt nötig ist, haben auch schon öfter das Telefon »durchklingeln lassen«. Gesprächen, auch informellen, mit Ihren Kollegen gehen Sie aus dem Weg. Aufgaben, Mitarbeiter und Kunden werden Ihnen zunehmend gleichgültig, selbst auf Reklamationen oder Beschwerden reagieren Sie kaum mehr. Vielleicht haben Sie es sogar schon erlebt, dass Sie bei einem eigentlich problematischen Vorfall, wie einer Beschwerde, überhaupt nichts mehr empfinden können: Gefühllosigkeit macht sich in Ihnen breit. Sie müssen unbedingt in ärztliche oder psychologische Behandlung! In diesem Stadium des Burnout können Sie sich nicht mehr wirksam selbst helfen. Suchen Sie Ihren Hausarzt auf und informieren Sie Freunde und Familie, dass Sie Unterstützung brauchen. Ein Burnout-Syndrom kann behandelt werden und hat gute Heilungschancen, wenn es nicht zu lange verschleppt wird!

3. Leistungseinschätzung und Zufriedenheit im Beruf

Ihr Gesamtwert für die **Zwischensumme 3** liegt

a) über 18 Punkten: Sie sind größtenteils zufrieden in Ihrem Job, haben die Möglichkeit, Ihre Fähigkeiten einzubringen, und kommen mit Ihren persönlichen Schwächen gut zurecht, sei es, weil diese bei Ihrer Tätigkeit nicht sehr ins Gewicht fallen, sei es, indem Sie Aufgaben, die Sie nicht so gut erfüllen, delegieren können. Sie sehen eine Zukunftsperspektive in Ihrer Arbeit und sehen mit einem guten Gefühl auf Ihre bisherigen Leistungen zurück. Sie denken, einen guten Teil von dem erreicht zu haben, was Sie sich von Ihrem Beruf erhofft haben. Ihre Arbeit erfüllt Sie und gibt Ihnen manchmal sogar Kraft. Sie freuen sich häufig auf Ihre Arbeit und über neue Herausforderungen.

b) zwischen 9 und 18 Punkten: Sie sind oft mit Ihren Leistungen zufrieden, kennen aber hin und wieder das Gefühl, in Ihrem Job nicht am richtigen Platz zu sein. Sie sehen teilweise mehr Ihre Schwächen als Ihre Stärken. Neue Herausforderungen stellen für Sie manchmal eine Last dar.

c) unter 9 Punkten: Sie sind mit Ihren Leistungen schon seit geraumer Zeit nicht mehr zufrieden. Sie erleben kaum mehr Erfolge im Beruf, Ihre Arbeitsleistung sinkt, vielleicht sind Sie von Kollegen oder Vorgesetzten schon einmal darauf angesprochen worden. Sie waren womöglich schon einmal einen oder mehrere Tage wegen Ihrer zunehmenden Erschöpfung und evtl. sich daraus ergebender körperlicher Beschwerden krankgeschrieben.

4. Erste Hilfe, wenn es brennt

In diesem Buch will ich ganz überwiegend auf die institutionellen und jobbedingten Ursachen und Möglichkeiten, Burnout zu verhindern, eingehen. Individuelle Lösungsmöglichkeiten, also Maßnahmen, mit denen Sie ganz für sich persönlich und in Ihrem Privatleben Ihre Kraft wieder stärken und sich so gegen Burnout rüsten können, werden nur angedeutet oder in Übungen oder Fallbeispielen mit beleuchtet. Sollten Sie am Rande einer Erschöpfung stehen, ist es unter Umständen aber wichtig, dass Sie zunächst Ihre persönlichen Möglichkeiten, gegen das Ausbrennen anzusteuern, kennenlernen. In der Regel haben Sie in den letzten Monaten oder Jahren sehr viel, vielleicht zu viel – und im schlimmsten Fall zuletzt nutzlos – in Ihren Job investiert, haben sich mit guten Vorsätzen und anfangs mit Begeisterung verausgabt. Ich will daher einen kurzen Überblick geben über die individuellen Möglichkeiten und Strategien, die Ihnen zur Verfügung stehen, um einem Burnout entgegenzutreten. Ausführliche Hinweise hierzu finden Sie in meinem Buch »Erfolgreich ohne auszubrennen«.

(Wieder-)Entdecken Ihrer persönlichen Ressourcen

Übung

Stellen Sie sich bitte folgende Frage: »Was könnte mich vor Burnout schützen?« oder auch »Warum bin ich nicht Burnout-gefährdet?« Notieren Sie bitte im Folgenden, welche Ihrer persönlichen Eigenschaften, welche beruflichen und privaten Tätigkeiten und Verhaltensweisen Sie mit Ihrem persönlichen Schutz vor Burnout in Zusammenhang bringen. Das schützt mich vor Burnout:

____

____

____

____

____

Nun können Sie prüfen, ob Sie eine oder mehrere dieser Ressourcen in letzter Zeit genutzt haben, und wenn ja, wie intensiv. Welche Ressource könnten Sie wieder vermehrt einsetzen? Welche Möglichkeit intensivieren? Was hat Ihnen immer besonders gutgetan? Passt dies in Ihre augenblickliche Lebensplanung oder könnten Sie auf eine andere Möglichkeit zurückgreifen?

Die drei Säulen individueller Burnout-Prävention

Ihre persönlichen Hilfsmöglichkeiten zum Schutz vor Burnout finden Sie in aller Regel vor allem in folgenden drei Bereichen:

1. Regenerieren
2. Delegieren
3. Grenzen erkennen

Erholung will gelernt sein

Dabei stellt das *Regenerieren* den wichtigsten Punkt und gleichzeitig die Maßnahme dar, die wir am leichtesten erlernen können. Überlegen Sie sich, welche Regenerationsmöglichkeiten Ihnen früher einmal geholfen haben, und versuchen Sie, davon eine oder zwei wieder in Ihren Alltag zu integrieren. Eine wesentliche Rolle spielt dabei die Pflege von Freundschaften und ein verlässliches familiäres Umfeld. Überlegen Sie, welche Hobbys Sie einmal gepflegt haben und ob und wie sehr diese Ihnen ein Gefühl der Zufriedenheit gegeben haben. Was sind, was waren Ihre Leidenschaften? Interessieren Sie sich für kulturelle Belange, lieben Sie die Natur? Entdecken Sie Ihre Leidenschaften wieder. Eine Entspannungstechnik zu erlernen kann eine große Hilfe sein, um auch in stressiger Umgebung kurze Inseln der Ruhe für sich zu finden. Bringen Sie mit Ihren ganz persönlichen Ruherhythmen, zum Beispiel jeden Sonntag ganz frei oder alle zwei Wochen ein echtes freies Wochenende ohne einen Blick in Ihre Mailbox, mehr Ruhe in Ihren Alltag. Freuen Sie sich ganz bewusst über die – auch kleinen – Dinge, die in Ihnen und um Sie herum passieren.

Das Prinzip der Kurzpausen haben manche Leser bereits in meinem Buch »Erfolgreich ohne auszubrennen« kennengelernt.

Da es, vor allem in einer akuten Burnout-Krise, besonders wichtig ist, kleine »Regenerationsinseln« für sich (wieder-)zuentdecken, habe ich Kurzpausen-Übungen in regelmäßigen Abständen in diesem Buch eingebaut. Sie sollen Sie daran erinnern, dass, unabhängig, ob Ihre Arbeit, Ihr Projekt, Ihre aktuelle Aufgabe oder eben das Lesen dieses Buches schon abgeschlossen ist, Sie sich jederzeit eine kurze Pause »gönnen« dürfen. Denn das ist für die meisten meiner Klienten schwierig: Leistungs*unabhängig* durchatmen zu dürfen und nicht erst dann, wenn die Leistung vollständig erbracht, das Ziel zu 150 % erreicht ist.

Ich muss nicht alles selbst tun!

Delegieren ist in der Regel schwieriger, besonders für Menschen, die zum Ausbrennen neigen. Alles allein zu können, auf niemanden angewiesen zu sein, spielt eine große Rolle für das eigene Selbstverständis und das Selbstwertgefühl. Machen Sie daher, zunächst rein theoretisch, eine Bestandsaufnahme Ihrer Hilfsmöglichkeiten. Zum Beispiel eine Liste, was wer gegebenenfalls für Sie erledigen könnte. Probieren Sie das eine oder andere von dieser Liste aus, um sich zu entlasten. Lernen Sie, mehr Hilfe zuzulassen und anzunehmen. Verbessern Sie Ihre Kenntnisse in Zeitmanagement und Arbeitsorganisation, um Zeit und Nerven »on the job« zu sparen.

Grenzen erkennen ist die ›hohe Kunst‹ der Burnout-Prävention. Helfen können Ihnen dabei Achtsamkeitsübungen, realistischere Erwartungen an Ihre Arbeit und Ihren Lebensentwurf sowie eine Rückschau auf das, was hinter Ihnen liegt, was Sie schon erreicht haben. Schließen Sie ab mit Dingen, die nicht erreichbar sind, und üben Sie sich darin, sich zu vergeben. So können Sie selbst bestimmen, wie sehr Sie sich fordern statt sich zu überfordern.

IV. Warum brennt mein Job mich aus?

Beispiel

Eigentlich ist Thomas Deckstein zufrieden. Sein Privatleben gestaltet sich erfreulich, und er hat einen interessanten Job. Und trotzdem wird die Arbeit in diesem Jahr von Woche zu Woche mühsamer. Selbst der Sommerurlaub hat daran kaum etwas ändern können. Er schleppt sich nach dem 2-wöchigen Segeltörn fast so erschöpft ins Büro wie zuvor. Was ist passiert?

Im Folgenden möchte ich auf die wesentlichen Themen eingehen, die mit Burnout-Gefährdung in Ihrem Arbeitsleben zu tun haben. Ganz im Zentrum steht dabei das Thema passende bzw. unpassende Arbeitsanforderungen. Ob die Anforderungen, die Ihr Job an Sie stellt, zu Ihren Möglichkeiten, Fähigkeiten und Bedürfnissen passen, hat entscheidenden Einfluss auf Ihre persönliche Burnout-Gefährdung. Hierbei spielen sowohl Überforderungs- als auch Unterforderungssituationen eine Rolle. Dabei ist es in der Regel schwieriger, Unterforderung und die damit einhergehenden Gefahren zu erkennen. Überforderung in einigen Teilbereichen des Berufes kann auch kombiniert sein mit Unterforderung in anderen Bereichen Ihrer Tätigkeit. Überforderung wie auch Unterforderung können qualitativ, aber auch quantitativ unpassend sein. Die einzelnen Aspekte will ich anhand von Beispielen, Übungen und Fallberichten erläutern.

Im folgenden Test können Sie sich einen Überblick darüber verschaffen, in welchen Bereichen Ihres Arbeitslebens die größte Burnout-Gefahr für Sie lauert, wo also *Ihre* potenziellen Ursachen für ein Ausbrennen am ehesten zu suchen sind. Notieren Sie bei jedem der Punkte, wie stark die jeweilige Aussage auf Sie zutrifft (1 = trifft gar nicht zu; 5 = trifft stark zu):

Berufliche Burnout-Ursachen	1	2	3	4	5	Siehe auch	ab Seite
Ich arbeite oft ohne Pause durch						Kap. V, 2	59
Ich leide unter dem Zeitdruck in meiner Arbeit						Kap. V, 3	72
Die Rahmenbedingungen meiner Tätigkeit sind unklar						Kap. V, 3	76
Ich habe sehr viele verschiedene Aufgaben zu bewältigen						Kap. V, 3	81
Mich beeinträchtigen die ständigen Störungen im Arbeitsablauf durch Telefon, Fax, E-Mail, SMS usw.						Kap. V, 3	93
Es ist schwer für mich, an meinem Arbeitsplatz zu erkennen, wann ich meine Zielvorgaben erfüllt habe						Kap. V, 3	100
Mein Job langweilt mich, es ist immer nur das Gleiche						Kap. V, 4	117
Ich besuche wenige Fort- und Weiterbildungen						Kap. V, 4	121
Meine Handlungsmöglichkeiten und Entscheidungsspielräume sind klein						Kap. V, 4	124
Ich habe wenig Möglichkeiten, meine persönlichen Talente in meinen Job einzubringen						Kap. V, 4	129
Meine Tätigkeit steht häufig im Widerspruch zu meinen inneren Werten, zu dem, was mir eigentlich wichtig ist im Leben						Kap. V, 5	135
Ich möchte am liebsten hinschmeißen und etwas völlig anderes machen						Kap. V, 5	141

Je höher Ihre Punktzahl bei den einzelnen Aussagen, umso wichtiger ist dieser Teilaspekt der Burnout-Gefährdung für Sie. Sie finden in den rechten Spalten Kapitel und Seitenzahlen angegeben, in denen für die jeweiligen Teilbereiche Lösungsmöglichkeiten aufgezeigt werden. Wenn Sie möchten, können Sie nun direkt zu dem genannten Unterpunkt gehen. Für ein besseres Verständnis ist es aber in der Regel empfehlenswert, auch über die Hintergründe dieser Ursachen Bescheid zu wissen. Im nun folgenden Kapitel wird erläutert, warum die genannten beruflichen Burnout-Ursachen dazu führen, Ihre individuelle Burnout-Gefahr zu erhöhen.

1. Überforderung oder »zu viel ist zu viel«

In der Regel bringen wir das Thema Ausbrennen spontan mit Überforderungssituationen in Verbindung. Tatsächlich sind Überforderungsfaktoren die sicht- und spürbarsten Ursachen für ein Burnout. Sie werden daher am schnellsten bemerkt und am häufigsten, auch unter Kollegen, thematisiert. Die Vielzahl von Aufgaben, Ansprüchen und Erwartungen in der Arbeit kann oft gut benannt werden.

In meinen Seminaren fordere ich die Teilnehmer auf, die wichtigsten Stressoren ihrer Arbeit zu sammeln. Je nach Berufsgruppe und Tätigkeitsprofil finden sich dabei unterschiedliche Schwerpunkte.

Die am häufigsten genannten Stressoren sind:

- Zeitdruck, Aufgabenlast
- Fremdbestimmtheit
- unklare oder wechselnde Zielvorgaben und Erwartungen
- eingeschränkte Handlungsmöglichkeiten
- zu viele Aufgaben gleichzeitig (Multitasking)
- häufige Störungen im Arbeitsablauf durch Telefon, E-Mail etc.
- Umstrukturierungen

Erstellen Sie nun eine Liste Ihrer fünf aktuellen Haupt-Stressoren:

Meine Top-Five Job-Stress-Verursacher

1. ______________________________

2. ______________________________

3. ______________________________

4. ______________________________

5. ______________________________

Sind in Ihrer Liste auch Themen aufgeführt, die mit Unterforderung zu tun haben? Vermutlich überwiegen auch in Ihrer Liste die Überforderungssituationen. Die häufigsten Ursachen für Überforderung will ich Ihnen in den folgenden Punkten erläutern.

Der Ärger mit leitenden Managern ist der, dass zu viele, die nur *ein* Magengeschwür haben, Positionen bekleiden, die eigentlich nur denen mit *zwei* Magengeschwüren zustehen.

Prinz Philip von Großbritannien

Multitasking und Zeitdruck

Bei meinen Seminaren zur Burnout-Prophylaxe für Mitarbeiter und Führungskräfte ist »Zeitdruck« die Nummer 1 der Job-Stressoren. Die Zunahme und Verdichtung der Arbeit in vielen Tätigkeitsbereichen drückt sich unter anderem darin aus, dass es kaum mehr Berufstätige gibt, die die im Vertrag vereinbarte Stundenzahl arbeiten. Die Hans-Böckler-Stiftung ermittelte, dass die durchschnittliche Wochenarbeitszeit in Deutschland in den letzten fünf Jahren um 40 Minuten auf 40,3 Wochenstunden gestiegen ist, fast jeder Dritte arbeite mehr als 42 Stunden wöchentlich. Andere Schätzungen gehen noch darüber hinaus. Eine Studie der Europäischen Stiftung zur Verbesserung der Lebens- und Arbeitsbedingungen ermittelte in Deutschland eine tatsächliche Wochenarbeitszeit von 41,1 Stunden, einer der höchsten Werte in der Europäischen Union.

Warum aber nimmt der Zeitdruck so gewaltig zu?

Warum *fühlen* wir so viel mehr Zeitdruck?

Ständige Störungen gehen auf die Nerven

Ein entscheidender Punkt, den viele Patienten und Seminarteilnehmer beklagen, sind die immer häufigeren Unterbrechungen im Arbeitsablauf. Telefonate, Kundenverkehr, Kollegen, die »nur mal schnell« eine Frage stellen wollen und dann eine Viertelstunde brauchen.

Immer in Kontakt

Ich hatte bereits erwähnt, dass die zunehmende Menge an Informationen, die ein Berufstätiger heutzutage aufnehmen und bearbeiten muss, als einer der Hauptgründe gilt, die dazu führen, dass mehr und mehr Menschen ausbrennen. Auch die Formen des Daten-Transfers werden immer vielfältiger – Mail, SMS/MMS, Skype, Messenger, Chat. Sie sind nur der Anfang einer immer breiteren, multimodalen Erreichbarkeit. Vor allem das gleichzeitige Benutzen verschiedener Informationskanäle liegt im Trend. Microsoft arbeitet bereits an der Entwicklung eines neuen Superbildschirms, der mehr als 100 cm breit ist und sich im Halbrund über den Arbeitsplatz wölbt. Bis zu 50% Produktivitätsgewinn versprechen sich Ingenieure von diesem Prototyp. Aus der Erfahrung mit zwei Bildschirmen pro User weiß man, dass die, die ihn ausprobieren, den zweiten nicht mehr freiwillig hergeben. Der 1-Meter-Riese wird wohl ebenso begeisterte Abnehmer finden.

Kein Urlaub ohne Blackberry

Noch vor gut 20 Jahren gab es im alltäglichen Kommunikationsgebrauch nur direkte Kontakte, Briefverkehr und Telefon. Telegramme waren nur in Sonderfällen finanzierbar, und ein Faxgerät hatten die wenigsten zu Hause. Fast undenkbar, dass man im Urlaub jederzeit erreichbar war. Jetzt kommen dazu E-Mail, Internet, Skype, immer abrufbar mit Blackberry, I-Phone und Co. Die Mehrheit der Angestellten ist auch in den Ferien beruflich aktiv. Eine Umfrage des Online-Karriereportals Monster mit fast 12 000 internationalen Teilnehmern hat ergeben, dass fast zwei Drittel aller Angestellten auch im Urlaub für Kollegen oder Kunden erreichbar sind. Ein Fünftel hinterlässt zumindest für den Notfall die Kontaktdaten, 24 % lesen gelegentlich ihre E-Mails und hören ihre Mailbox ab, und 17 % gaben sogar an, im Prinzip nie mit dem Arbeiten aufzuhören – auch nicht im Urlaub (bei Franzosen und Spaniern waren dies sogar über 30 %). Nur

38 % sind der Meinung, »Urlaub ist Urlaub«, und schaffen es, total abzuschalten.

Arbeiten auf Kiffer-Niveau

Viele Angestellte verbringen bis zu zwei Stunden am Tag mit der Bearbeitung (überflüssiger) E-Mails. In einer Studie des Londoner King's College an über tausend Probanden stellten Forscher einer Testgruppe eine Aufgabe und traktierten sie währenddessen mit E-Mails. Eine Kontrollgruppe bekam die gleiche Aufgabe gestellt und konsumierte dabei Marihuana. Das Ergebnis: Die Probanden, die Drogen genommen hatten, konnten ihre Arbeit besser erledigen als die Probanden unter »E-Mail-Beschuss«, bei denen der Intelligenzquotient während des Experiments stark abfiel. Rechnet man diese Befunde auf den ganz normalen Büroalltag hoch, dann arbeiten Millionen Menschen täglich »unter Kiffer-Niveau«. Nach einer Untersuchung der University of Pittsburgh hat das beliebte »Multitasking« gravierende Nachteile. Die Gehirnleistung wird nicht besser. Sie sinkt bei exzessivem Multitasking um bis zu 40 %.

Manche halten einen ausgefüllten Terminkalender für ein ausgefülltes Leben.

Gerhard Uhlenbruck

»Hast du heute noch Zeit, um mit mir in Ruhe zu Abend zu essen?« – »Nein ich habe keine Zeit, ich muss noch die Präsentation für morgen fertig machen.« Wenn Sie immer häufiger so reagieren, wenn alltägliche Freuden verdrängt und auf später verschoben werden, sollten Sie aufhorchen. Zeit können wir nicht auf's Sparbuch legen. Komischerweise ist jetzt, über 25 Jahre nach Erscheinen von Michael Endes »*MOMO*«, dieses Thema aktueller denn je. In dem Buch versuchen die sogenannten »grauen Herren« alle Menschen dazu zu bringen, Zeit zu sparen. In Wahrheit werden die Menschen um ihre Zeit betrogen – während sie versuchen, Zeit für später anzusparen, vergessen sie, im Jetzt zu leben. Denn Zeit kann man nicht sparen wie Geld. Doch je mehr die Menschen versuchen, Zeit zu sparen, desto »kürzer« werden ihre Tage und Wochen, umso hektischer und gestresster wird ihr Leben.

Vor einigen Jahren sprach ich einmal mit einem Handwerksmeister, Jahrgang 1912, der in den Zwanzigerjahren seine Lehre zum Tischler gemacht hatte. Dieser berichtete über seine Gesellenzeit, in denen die Arbeitswoche noch über 48 Stunden hatte inklusive Samstage. Dennoch, meinte er, sei die Arbeit nicht so hart gewesen. Zeitdruck habe er nur selten gekannt, obwohl er als Schreiner auch Stoßzeiten gehabt habe und gelegentlich Großaufträge zu erledigen gewesen waren, die vollen Einsatz gefordert hätten. Er meinte, dass die zunehmende Orientierung hin auf die Freizeit, oder anders gesagt, »Wann ist die Arbeit endlich fertig, damit ich was ›Gscheits‹ machen kann?«, ein großes Problem darstelle. Statt Arbeit in Ruhe zu machen, Arbeitszeit als Lebenszeit zu genießen und zu gestalten, arbeite man so schnell wie möglich, um viel »Freizeit« zu haben. Er habe so etwas wie Arbeitsstress nicht gekannt, er kannte nur schwere und leichtere Arbeiten, die eben körperlich anstrengender oder einfacher waren bzw. mehr oder weniger Geschick und Konzentration forderten. Für diese Tätigkeiten habe man sich aber natürlich auch mehr Zeit gelassen: Ein guter Handwerker wusste ja, dass er sonst alles noch einmal hätte machen müssen und dass gute Qualität auch hoher Sorgfalt und Prüfung bedarf.

Das Leben ist kurz, weniger wegen der kurzen Zeit, die es dauert, sondern weil uns von dieser kurzen Zeit fast keine bleibt, es zu genießen.

Jean-Jacques Rousseau

Leistung zum Anfassen

Heutzutage arbeiten natürlich viel weniger Menschen als in den Zwanzigerjahren des letzten Jahrhunderts in handwerklichen Berufen. Unsere Gesellschaft entwickelt sich in einem bisher nie gekannten Maße zu einer Dienstleistungsgesellschaft. Von einem Agrar- und Arbeiterland veränderte sich Deutschland hin zum Dienstleistungsland: So waren 1970 erst 48 % in Dienstleistungsberufen beschäftigt, 1991 bereits 60 % und 2007 72 %, Tendenz weiter steigend. Dienstleistungs- und hier vor allem Medienberufe schaffen ein Produkt, das viel subjektiver zu bewerten ist als zum Beispiel eine handwerkliche Leistung. Über das, was einen guten Arzt oder einen guten Film ausmacht, gehen die Meinungen bekanntlich sehr auseinander. Auch hält man, davor und danach, bei einer Dienstleistung nur selten etwas »Fassbares« in Händen. Nichts, worauf man immer wieder einen Blick werfen kann, seine Hand darüberstreichen lassen könnte, um es wieder und wieder für gut zu befinden. Zudem ist die Bestimmung über die eigene Arbeitszeit und den eigenen Rhythmus bei modernen Dienstleistungsberufen in viel größerem Maße nicht nur von dem Arbeitenden, sondern sehr stark durch den Kunden bestimmt und auf ihn ausgerichtet. Dies bedeutet eine größere, direkte, unmittelbare Abhängigkeit vom Kunden.

Immer mehr Menschen erleben auch ihr privates Umfeld als »Zeiträuber«: Wenn ich nicht so viel Zeit mit Kinderbetreuung, Pflege sozialer Kontakte etc. verbringen müsste, hätte ich viel mehr Zeit. Gerade in der Generation der »Extremjobber« wird selbst private Lebenszeit in »Quality Time« und »Non-Quality Time« eingeordnet – je nachdem, was wie schnell maximalen Profit bringt.

Viele, zum Teil widersprüchliche Erwartungen

Beispiel

Thomas Deckstein fühlt sich zerrissen. Seit einer Umstrukturierung vor wenigen Monaten muss er als leitender Fachmann seiner Abteilung nicht mehr wie früher nur seine Berufskollegen fachlich anleiten, sondern auch Personalgespräche führen. Zudem muss er Führungsaufgaben für weitere Berufsgruppen übernehmen. Bisher war er als »väterlicher Freund« in der Gruppe geschätzt und beliebt. Nun ist er weisungsbefugt und musste kürzlich seine erste Kündigung aussprechen. Sein bisheriges Rollenspektrum hat sich stark erweitert – und dies belastet ihn mehr, als er vermutet hätte. Zu allem Überfluss haben sich jetzt auch noch zwei Kunden über Lieferrückstände beschwert. Wie soll er das alles unter einen Hut bringen?

Als ich ein junger Mann war, merkte ich, daß von zehn Dingen, die ich tat, neun fehlschlugen. Ich wollte kein Versager sein und arbeitete zehnmal so viel.

George Bernard Shaw

Viele Berufe, insbesondere Dienstleistungsberufe, stellen an uns eine Vielzahl von komplexen Aufgaben. Zeitweise sind uns diese kaum oder nur teilweise bewusst – und oft gerade deshalb bringen sie uns an unsere Grenzen. Heilerziehungspflegerin Susanne V. war sich gar nicht klar darüber, wie viele Rollenerwartungen sie in ihrem Beruf zu erfüllen hatte. Mutterersatz, Seelsorgerin, Sozialarbeiterin, Kumpel, Profi sollte sie sein für ihre Bewohner, für Kolleginnen und Angehörige. Wie erdrückend dies war, spürte sie meist erst am Wochenende, wenn stechende Kopfschmerzen sie stundenlang ins Bett zwangen.

Und nicht nur die vielfältigen Rollenerwartungen eines Berufes können belasten. Auch sich verändernde Rollenerwartungen im Laufe eines Berufslebens können schwierig werden, wenn wir uns ihrer zu wenig bewusst sind.

Sich verändernde Rollenerwartungen treffen oft Selbstständige und Gründer in wachsenden Unternehmen. Manager dagegen, die alle paar Jahre das Unternehmen wechseln, sind meist nicht so stark gefährdet, da sie sich weniger mit ›alten‹ Rollenmustern konfrontiert sehen oder diese leichter abschütteln können. Allerdings treffen sie meist auf die ›unsichtbaren‹ Rollenerwartungen der nicht mehr anwesenden Vorgänger. Diese können, da sie für den Betroffenen in der Regel nur indirekt fassbar sind, auch eine große Herausforderung darstellen.

Auch Erwartungen eines Teams aufgrund von alten Erfahrungen können zu Schwierigkeiten führen. So berichtete Egon H. von seiner neuen Stelle als leitender Sozialpädagoge in einem Mütter-Beratungszentrum. Er hatte bei Antritt seiner Stelle den Eindruck, dass ihm ohne ersichtlichen Grund ein ungeheures Misstrauen entgegengebracht wurde, das mit seiner Person nichts, oder wenn, dann nur sehr wenig, zu tun haben konnte. Er erlebte immer wieder Situationen, in denen Kollegen verstummten, wenn er den Raum betrat. In Sitzungen musste er häufig nachhaken, weil alle anderen Informationen hatten, die ihm offensichtlich fehlten. Monatelang konnte er dieses Misstrauen nicht einordnen, bis er durch einen Zufall – über Kollegen einer anderen Abteilung der Einrichtung – erfuhr, dass sein Vorgänger durch sein despotisches Auftreten und rücksichtslos-verletzendes Verhalten verbrannte Erde hinterlassen hatte. Die Kollegen lebten offenbar in ständiger Furcht, dass der neue Leiter sich ähnlich verhalten könne wie sein Vorgänger. Sie trafen sich daher, ohne den neuen Chef, informell, also außerhalb festgelegter Teammeetings, um sich zu »wappnen« und um sich vor vermeintlichen Angriffen zu schützen. So erhielt Egon H. die dort ausgetauschten Informationen erst verspätet, wurde fast handlungsunfähig und zunehmend frustriert.

Unklare Ziele

In vielen Unternehmen führen unklare Zieldefinitionen und nicht nachvollziehbare Erfolgkriterien zu einer große Frustrations- und Burnout-Gefahr. Über Wochen und Monate werden Projekte in Zusammenarbeit von mehreren Abteilungen erarbeitet, wie zum Beispiel in einem Elektrokonzern, in dem eine neue Waschmaschine auf den Markt gebracht werden soll. An der Entwicklung beteiligt sind in diesem Fall die Abteilungen Technische Entwicklung, Design und Verkauf/Marketing. Wenn sich nun kurz vor Markteintritt herausstellt, dass, durch Fehlabsprachen oder ungenügende Zielvereinbarungen im Management, das Design nicht zur Funktionalität passt (also im Extremfall die elektrische Leitung für den Einschaltknopf nicht dorthin führt, wo der Designer den Einschaltknopf eingeplant hat), so ist viel Mühe umsonst gewesen. Die unnütz »verplemperte« Arbeitszeit und -energie stellt ein enormes Frustpotenzial dar, vor allem für die Mitarbeiter größerer Unternehmen. Der Frust über nicht honorierte Leistung und die notwendige Mehrarbeit, um zum Beispiel das Design neu zu gestalten, führen dazu, dass Mitarbeiter häufiger ausbrennen.

Wenig soziale Unterstützung

Beispiel Tanja Bischoff, Projektleiterin in einem Pharmaunternehmen, ist am Boden zerstört. Noch nie hat sie ein so katastrophales Meeting erlebt wie heute. Sie ist von ihrem Chef bei jedem angesprochenen Punkt heruntergemacht worden. Das allein war schon sehr verletzend. Das Schlimmste aber war, dass keiner der Kollegen den Mund aufbekommen hatte, um wenigstens *ein* gutes Wort für sie einzulegen.

Ein freundlicher Umgangston, kleine nette Gesten und gegenseitige Hilfsbereitschaft gehören nicht in jeder Arbeitsumgebung zum Selbstverständlichen. Das Burnout-Risiko ist eng korreliert mit dem Arbeitsklima im Büro und mit dem Umgang untereinander. Besonders Frauen leiden nach einer Untersuchung des Schweizer Psychologen Hans Kernen an einem Mangel an sozialer Unterstützung. Vor allem weibliche Vorgesetzte bekommen nicht, wie nicht selten noch selbstverständlich ihre männlichen Kollegen, Kaffee und Zeitung »hinterhergetragen«. Auch die private oder häusliche Unterstützung ist deutlich geringer, sodass in der Regel weniger Energie für die reine Berufstätigkeit bleibt.

2. Unterforderung oder »zu wenig ist zu wenig«

Nicht nur ein Zuviel, sondern auch ein Zuwenig an Anforderungen kann unsere Lebensgeister ermatten. Ohne Ziele und Sinn im Leben fällt es uns schwer, erfüllt zu leben. Viele Menschen, die einmal einen richtig langen Urlaub genommen haben, sind froh, wieder arbeiten zu können. Ganz zu schweigen von der Situation der Arbeitslosigkeit, die mit einem Höchstmaß an Unzufriedenheit und oft mit einer Vielzahl an körperlichen und psychischen Erkrankungen einhergeht. Unterforderung in einem Teilbereich des Jobs ist nicht selten kombiniert mit Überforderung in anderen Teilbereichen und kann so die Situation noch verschlimmern.

Eingeschränkte Handlungsmöglichkeiten und Entscheidungsspielräume

Beispiel

Thomas Deckstein hat mehr zu tun. Viel mehr als vorher. Nicht nur fachlich, sondern auch personell und finanziell trägt er deutlich mehr Lasten. Dennoch muss er jede zweite Entscheidung nach wie vor von seinem Vorgesetzten ›absegnen‹ lassen. Warum hat man ihn dann an diese Stelle geholt?

Eine häufige Ursache, sich unterfordert zu fühlen, ist, eigene, meist in der Praxis erworbene, Kompetenzen nicht nutzen zu können, da sie zum Beispiel in der Stellenbeschreibung nicht explizit auftauchen oder die offiziellen Kompetenzen überschreiten. So wie ein erfahrener Krankenpfleger, der sich auf »seiner« Intensivstation besser auskennt als ein junger ärzlicher Kollege. Der Krankenpfleger darf dennoch in den Notfallsituationen offiziell keine ärztlichen Tätigkeiten, wie Medikamente verordnen, intubieren u.a., durchführen. Er fühlt sich in vielerlei Hinsicht kompetenter und hat dennoch »nichts zu sagen«. Oder eine langjährige Angestellte, die aufgrund ihrer Erfahrung bessere Sachkenntnis hat als ihr Chef, die aber dennoch jede kleine Entscheidung vom Vorgesetzten gegenzeichnen lassen muss. Eingeschränkte Handlungsmöglichkeiten und Entscheidungsspielräume, Routine, Langeweile und das Brachliegen von eigenen Talenten und Interessen im Job können auf Dauer zum Ausbrennen führen.

Geringe Entfaltungsmöglichkeiten

Insbesondere hoch qualifizierte Berufstätige und Führungskräfte haben damit zu kämpfen, dass ihre Motivation immer wieder die Gestaltungsmöglichkeiten übersteigt.

Maxim L. hatte ein Doppelstudium hinter sich. Als einer der Besten seines Jahrgangs hatte er als promovierter Biochemiker sofort eine interessante Forschungsstelle angenommen und konnte ein juristisches Studium anschließen. Als Patentprüfer begann er kurz darauf bei einer großen Institution: das Ziel seiner Träume, um das er von vielen ehemaligen Kommilitonen beneidet wurde. Die Einarbeitung in die neue Funktion war hart, aber interessant, nach zwei Jahren beherrschte er seine Aufgaben gut. Dann begannen die Schwierigkeiten: neue Herausforderungen blieben aus. Er, der bislang stets ein neues, noch erstrebenswerteres Ziel vor Augen gehabt hatte, sah nun 25 Jahre gleichförmiger Tätigkeit vor sich. Statt sich an seinem Erfolg zu freuen, bis hierher gekommen zu sein, verfiel er in fast schon apathischen Stumpfsinn, und seine Abneigung, morgens ins Büro zu gehen und seine Aufgaben zu erledigen, wuchs von Tag zu Tag.

Routine und Langeweile

Eng verknüpft mit den Themen mangelnde Entfaltungs- und Handlungsmöglichkeiten ist die Belastung durch Routinearbeiten. Eine übergroße Menge an eintönigen, sich immer wiederholenden Aufgaben ist besonders für ehrgeizige und interessierte Menschen belastend. Zu viel davon über Jahre kann zu Motivationsverlust, depressiver Stimmung und Antriebslosigkeit führen, schlimmstenfalls sogar zu einem reduzierten Selbstwertgefühl.

3. Andere Unternehmensfaktoren, die Burnout begünstigen

Auch andere schlechte Arbeitsbedingungen wie nicht reibungslos funktionierende EDV, zu kurze Einarbeitungsphasen, unbefriedigende Verfügbarkeit von Arbeitsmitteln, schlechtes Arbeitsklima, mangelnde soziale Unterstützung sowie ein hierarchischer Top-down-Führungsstil können Gründe für das Ausbrennen sein. Für einzelne Berufsgruppen kommt eine Vielzahl tätigkeitsspezifischer Ursachen hinzu, zum Beispiel bei Lehrern hohe Lärmpegel und Disziplinschwierigkeiten im Klassenzimmer oder bei helfenden Berufen starke emotionale Belastung durch schwer- und mehrfachkranke Klienten.

V. Wege aus dem Burnout: Was kann ich in meinem Job verändern, um mich vor Burnout zu schützen?

Werden Sie selbst aktiv – statt zu warten, dass etwas passiert

In diesem Kapitel möchte ich Ihnen anhand von Beispielen, Tipps und Übungen näherbringen, welche Möglichkeiten Sie haben, sich durch Veränderungen oder Verbesserungen an Ihrem Arbeitsplatz vor Burnout zu schützen. Es gibt eine Reihe von Arbeitsbedingungen, die sich positiv auf Ihre Motivation auswirken, die Stress mindern und Burnout verhindern können. Mein Hauptaugenmerk liegt dabei auf den Dingen, die Sie als Mitarbeiterin und Mitarbeiter selbst bewirken können, weniger auf den Dingen, die Ihr Arbeitgeber für Sie tun könnte. Manches lässt sich nur mit Beteiligung der Geschäftsführung oder zumindest Ihres Vorgesetzten nachhaltig verändern und verbessern. Aber Sie können mehr selbst gestalten, als Ihnen möglicherweise im ersten Moment bewusst ist.

Es gibt zudem ein paar wichtige Gründe dafür, selbst aktiv zu werden, erst zu schauen, was »ich für mein Land tun kann«, bevor man überlegt, was »mein Land für mich tun kann«: Selbst aktiv werden, zu spüren, dass man etwas bewirken kann, hilft, aus negativen Kreisläufen herauszukommen. Aus eigener Kraft etwas tun oder ändern zu können, um die eigene Situation zu verbessern, trägt entscheidend dazu bei, dass Menschen sich wohlfühlen, dauerhaft zufriedener sind und auch mit unerwarteten Anforderungen oder Schicksalsschlägen besser fertig werden: »Je mehr ich aus mir selbst heraus bewirken kann, umso lebendiger, zufriedener und entspannter fühle ich mich.«

Was Sie selbst verändern können, wird sich in höherem Maße auf Ihr Wohlbefinden auswirken als das, was andere für Sie tun könnten. Auch auf lange Sicht ist dieser Ansatz erfolgversprechender, da sich in Ihnen mehr und mehr die Gewissheit verankert, aus eigenem Antrieb ungünstige Situationen verbessern zu können. So bauen Sie langfristig ein positiveres Selbstbild auf.

Diesen Mechanismus nutzen auch Abteilungen in Kliniken, die sich auf die Behandlung von depressiven Erkrankungen spezialisiert haben. Dem liegt ein verhaltenstherapeutisches Konzept zugrunde, das den sogenannten depressiven Kreislauf – also: »Je weniger ich schaffe, umso weniger kann ich mich über mich freuen, umso depressiver werde ich« – zu durchbrechen hilft. Zu Anfang sieht dieser Gedankenkreislauf folgendermaßen aus:

Der depressive Kreislauf

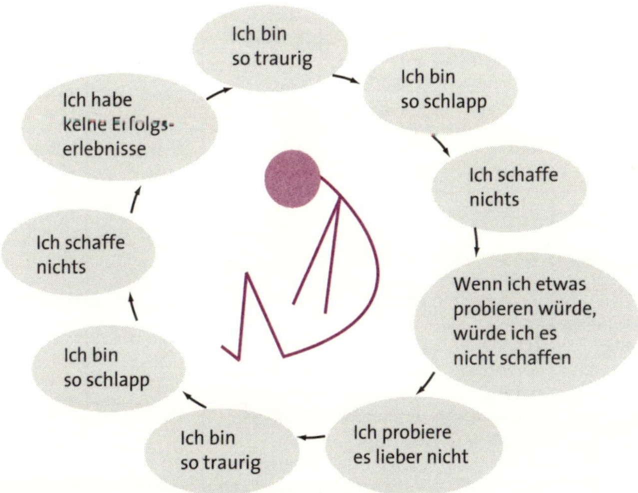

Anhand von Tages- und Wochenplänen erstellen die Patienten nun in Absprache mit ihren Therapeuten eine Liste von Tätigkeiten, die für die nächsten Tage geplant sind. Im Laufe eines jeden Tages wird »abgehakt«, was geschafft wurde – unabhängig davon, ob es »gut« oder »schlecht« war, ob es mit oder ohne Freude bewerkstelligt wurde. Es geht dabei nur darum, *ob* die Patienten einen Punkt auf ihrer Liste machen konnten. Aktiv führen sich Patienten so vor Augen, was *geht* – anstatt sich gedanklich immer weiter damit zu beschäftigen, was alles *nicht* geht, und dadurch in immer traurigere Gedankenschleifen zu versinken. Ähnlich können Sie sich auch in einer kraftlosen Phase Ihres Berufslebens einen ›ermunternden‹ Wochenplan erstellen.

Montag	Dienstag	Mittwoch	Donnerstag	Freitag	Samstag	Sonntag
E-Mails durchsehen ✓	Projektleitermeeting ✓	E-Mails beantworten ✓	Telefonkonferenz mit Projektkollegen aus AP	E-Mails beantworten ✓	E-Mails durchsehen, wichtige beantworten ✓	
Ausführliches Status Meeting Projekt X ✓	Status Meeting Projekt Z ✓	Kurzes Status Meeting Projekt X	E-Mails beantworten ✓	Kurzes Status Meeting Projekt X ✓	Joggen ✓	
E-Mails beantworten ✓	E-Mails beantworten ✓	Supportaufgaben Projekt Y ✓	Eigene Aufgaben am Projekt X bearbeiten ✓	Eigene Aufgaben am Projekt X bearbeiten ✓		
Mittagessen ✓	Mittagessen ✓	Mittagessen ✓	Mittagessen	Mittagessen ✓	Mittagessen ✓	Mittagessen ✓
Projektplanungsreview Projekt X; neue Anforderungen einarbeiten ✓	Mitarbeitergespräch ✓	Treffen mit Kunden B ✓	Brainstormingrunde mit allen Projektkollegen ✓	Supportaufgaben Projekt Y ✓		
Supportaufgaben Projekt Y ✓	Eigene Aufgaben am Projekt X bearbeiten ✓	Telefonkonferenz mit Projekt-Kollegen aus US ✓	Abstimmung des Projektfortschritts mit Auftraggeber	Review der erledigten Projektaufgaben mit Kollege Y		
Eigene Aufgaben am Projekt X bearbeiten ✓	Besuch von Firma A ✓			Projektplan überprüfen ✓	E-Mails durchsehen, wichtige beantworten ✓	E-Mails durchsehen, wichtige beantworten
						Projektarbeiten in Zusammenhang mit Aufgaben für Kollegen aus AP

Viele Menschen sind erstaunt, wenn sie am Ende eines Tages sehen, was – entgegen ihrer Selbsteinschätzung – alles geklappt hat. Dies stärkt das Selbstbewusstsein und ermuntert zu neuer Tatkraft. So ist ein Teil des depressiven Kreislaufs durchbrochen.

Ausbrechen aus dem depressiven Kreislauf

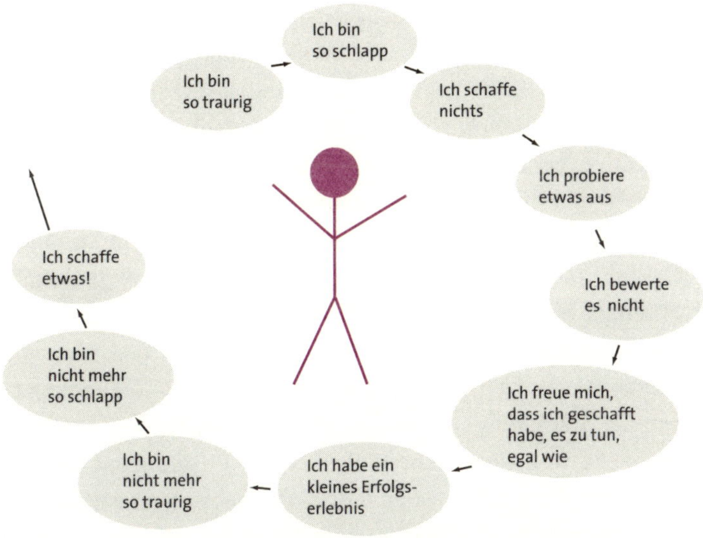

Selbst aktiv werden!

Viele kennen diesen Teufelkreis aus dem Bereich körperlicher Fitness: Liegt man mal zwei Wochen auf der Couch, fällt es immer schwerer aufzustehen. »Wenn ich jetzt anfangen würde, würde ich ja nicht die halbe Stunde schaffen, die ich mir eigentlich vorgenommen habe. Dann versuche ich es lieber gar nicht.« Wenn Sie stattdessen anfangen, zum Beipiel ohne die Vorgabe, eine halbe Stunde schaffen zu müssen, sondern nur fünf Minuten laufen oder Rad fahren – und dabei nicht ständig an die »25 Minuten zu wenig« denken –, können Sie sich leichter motivieren und durchbrechen schneller den negativen Kreislauf Ihrer Gedanken.

Fast jeder hat schon einmal die Erfahrung gemacht, wie es ist, an einem trüben Novembertag mit schlechter Laune aufzuwachen und sich nach einer Stunde Nörgeln zum Joggen oder Spazierengehen zu motivieren. Schon der Entschluss setzt wieder Kräfte und gute Gefühle frei, ganz zu schweigen vom Licht und der Bewegung, die einen draußen erwarten. Zudem hat ungefiltertes Tageslicht (am besten täglich 15–30 Minuten, auch bei bedecktem Himmel) eine stimmungsaufhellende Wirkung.

Kurzpausen (mehr dazu im Abschnitt »Anspannung und Entspannung im gesunden Wechsel«, ab Seite 59) erfüllen einen ähnlichen Zweck. Kurze Pausen einzuplanen, einzuhalten und gegebenenfalls auch gegen (innere und äußere) Widerstände durchzusetzen, gehört ebenso zu den selbstwirksamen Dingen – also Dinge, bei denen Sie spüren, dass Sie in der Lage sind, die eigene Situation (positiv) zu beeinflussen.

Ralf N., Hochschuldozent, fühlt sich in seiner Funktion am Lehrstuhl nicht wohl. Von seinem Chef fühlt er sich gegängelt, der immer wieder unangemeldet in sein Büro hereinplatzt. Er übernimmt »gegen seinen Willen« Aufgaben, die eigentlich die Sekretärin erledigen müsste, wie zum Beispiel Reisebuchungen oder die Betreuung auswärtiger Gastwissenschaftler – Tätigkeiten, die weit über seine Aufgaben als Privatdozent hinausgehen. Vor allem bei Anrufen fällt es ihm schwer, einem Anrufer einen Wunsch zu versagen. Erst im Laufe der Behandlung wird ihm bewusst, dass er von sich aus Änderungen herbeiführen kann. Zum Beispiel indem er, wenn er zum Beispiel ein wichtiges Telefonat führt, einen Zettel »Bitte nicht stören« an die Tür hängt. Indem er verbal und auch nonverbal klar signalisiert, was oder wann er will und was oder wann er nicht will: Mit »Bürotür offen« bzw. »Bürotür geschlossen« signalisiert er, ob er gerade gesprächsbereit ist oder nicht. Er initiiert schließlich ein Meeting der gesamten Arbeitsgruppe, die seinen Chef, die Sekretärinnen und die wissenschaftlichen Mitarbeiter umfasst, in dem er alle Punkte zusammenträgt, die aus seiner Sicht nicht gut gelöst sind. Aufgaben werden daraufhin neu verteilt und klarer denen zugeordnet, die dies tun sollten (wie zum Beispiel die Flug- und Hotelbuchung sowie die Begleitung für einen ausländischen Kongressgast). Für überraschende Anrufe übt er folgenden Satz ein: »Jetzt ist es für mich leider nicht möglich, darf ich Sie in einer Viertelstunde zurückrufen?«, um sich mehr Raum für seine Entscheidungen zu geben. Er nutzt auch seinen Anrufbeantworter mehr sowie die Funktion seines Telefons, den Anrufer anzuzeigen und so zu selektieren, welchen Anruf er sofort bedient und welcher auf den Anrufbeantworter gehen kann. Er ist überrascht, wie einfach diese Änderungen sind und wie viel er selbst dazu beitragen kann, sich Entlastung zu verschaffen. Von seiner Initiative zehrt er noch lange und freut sich immer wieder über die positiven Auswirkungen.

1. Vorbereitung: Rückschau auf Ihre bisherigen Erfolge und Ressourcen

Drehen Sie sich um. Dann können Sie sehen, welche Gipfel schon hinter Ihnen liegen

Um selbst (wieder) aktiv werden zu können, ist es gut zu wissen, was Ihre persönlichen Ressourcen ausmacht und wann und wo Sie sie bereits in Ihrem Alltag eingesetzt haben. Denn Ihre Stärken können Sie mit mehr Sicherheit und Leichtigkeit einsetzen als etwas, das Ihnen nicht so liegt oder das Sie erst neu erlernen müssen. Ihre Ressourcen haben daher hohe Priorität in Ihrem persönlichem Burnout-Prophylaxe-Programm. Das, was Ihnen mehr liegt, ist für Sie einfacher und auch auf lange Sicht oft dem Neuen überlegen. Sie können sich so doppelt freuen: Darüber, etwas Gutes für sich erreichen zu können und Sie können stolz sein, dass Sie dafür nur in Ihre eigene Schatzkiste greifen mussten. Nehmen Sie sich daher genügend Zeit, um Ihre eigenen Ressourcen zu erkennen und sie dann noch mehr oder wieder für sich zu nutzen. Dabei ist es hilfreich, aus der eigenen Perspektive zurückzuschauen und sich die Frage zu stellen: »In welcher Phase meines Berufslebens ging es mir gut?« Und, noch entscheidender: »Was war mein Anteil daran, dass es mir gut ging?« Sie können hierfür die folgende Tabelle zu Hilfe nehmen: Notieren Sie, in einem verkürzten beruflichen Lebenslauf, welche beruflichen Stationen Ihnen gut gefallen haben. Füllen Sie dann die Spalten »Was hat mir in dieser Zeit besonders gut gefallen?« und »Was habe ich dafür getan?« aus.

Jahr	Berufliche Situation	Was hat mir in dieser Zeit besonders gefallen?	Was habe ich dafür getan?

In der letzten Spalte finden Sie Ihre persönlichen Ressourcen, anhand derer Sie Ihre Arbeitssituation verbessern können. Lesen Sie diese noch einmal in Ruhe durch und prüfen Sie dann, ob Sie eines – oder mehrere – der genannten Dinge in Ihrer jetzigen Arbeitssituation wieder verwirklichen könnten.

Im Laufe dieses Kapitels werden Sie noch einiges kennenlernen, was Ihnen zunächst nicht so geläufig ist – neue Möglichkeiten, um Ihr Arbeitsleben stressfreier zu gestalten. Am wichtigsten und wirkungsvollsten sind aber die Dinge, die Sie bereits kennen, die Ihnen vertraut sind und die Sie möglicherweise nur wiederentdecken oder wiederauffrischen müssten. Sie werden unter den genannten Möglichkeiten den einen oder anderen Tipp entdecken, der mit Ihren persönlichen Problemlösungsstrategien übereinstimmt. Bei Nachuntersuchungen meiner Seminare höre ich oft, dass Teilnehmer die Dinge besonders gut umsetzen konnten, die ihnen schon geläufig waren und wo sie sich auf eigene Ressourcen zurückbesinnen konnten.

In meiner therapeutischen Praxis nutze ich zudem zwei besondere Ressourcen meiner Klienten, die viele Burnout-gefährdete Menschen besitzen: Durchhaltevermögen und Willenskraft. Wenn sich Burnout-Betroffene für eine Behandlung entschieden haben, sind die Heilungschancen dadurch oft höher als bei vielen anderen Erkankungen. Viele Klienten sind im Nachhinein stolz auf diese Fähigkeiten, auf ihren eisernen Willen und ihre Kraft, fast nie aufzugeben. Neu für sie ist, dass sie diese Stärken nun, zum Teil zum ersten Mal in ihrem Leben bewusst, für ihre eigene Gesundheit nutzen. Wie Konstantin I., der es jahrelang gewohnt war, bis zu 100 Stunden pro Woche für seinen Job zu arbeiten und so schon mit 25 Jahren sämtliche Altersgenossen überflügelt hatte, aber mit 31 ausbrannte – nicht mehr enden wollende Infektionskrankheiten und Schmerzen, depressive Verstimmungen, die ihn ohne Erklärung von heute auf morgen übermannten, brachten ihn trotz seiner enormen Belastbarkeit mehr und mehr in Not. Im Laufe der Behandlung konnte er seinen eisernen Willen verstärkt dazu einsetzen, sich um die eigene Gesundheit zu kümmern und schließlich ein für sich und seine Familie ausgesprochen befriedigendes, neues Gleichgewicht von Beruf und Privatleben aufbauen.

2. Grundsätzliche Prinzipien

Anspannung und Entspannung im gesunden Wechsel – das Prinzip der Kurzpausen

Beispiel

Thomas Deckstein bemerkt eines Tages, dass ihm das Hintergrundbild seines Rechners gefällt. Seit zwei Jahren hat er einen Modus eingestellt, der alle paar Stunden ein anderes Hintergrundbild generiert. Aber das ist ihm bis vor Kurzem gar nicht aufgefallen. Schließlich hat er jeden Tag ohne Pause von morgens bis abends »durchgerackert«, – da hat man doch keine Muße, um Bilder anzuschauen! Dabei hatte er das Ganze selbst installiert. Nun trainiert er seit ein paar Wochen ein Entspannungsverfahren. Seit Kurzem setzt er dies auch ab und zu im Büro ein. Und bemerkt plötzlich, dass da ja ein Bild ist, auf seinem Rechner. Und dass es ihm auch noch gefällt! Er versinkt für ein paar Minuten in der Freude der Betrachtung. Als er seine Arbeit fortsetzt, lächelt er unwillkürlich.

Die Autoren Unger und Kleinschmidt schreiben in Ihrem Buch »Bevor der Job krank macht« vom »Gesunden Schwingen«. Sie empfehlen, aufgrund des menschlichen Biorhythmus, eine Orientierung an den physiologischen, 90-minütigen Leistungsintervallen – also dem Bedürfnis nach einer Pause – jeweils nach etwa 90 Minuten nachzugehen. Ähnlich praktizieren es seit Kurzem viele weiterführende Schulen, die versuchen, die einzelnen Unterrichtsfächer nur noch als Doppelstunden (90 Minuten), gefolgt von einer längeren Pause, anzubieten. In meinem Buch »Erfolgreich ohne auszubrennen« erläutere ich ausführlich das menschliche Bedürfnis nach tätigen und untätigen Zeiten, nach rhythmischem Wechsel zwischen Aktivität und Ruhe, als Teil unserer kulturellen, religiösen und medizinischen Tradition.

Im Stress, also in der Vorbereitung auf Flucht oder Kampf, reduziert der Körper unter anderem das Schmerzempfinden. Die Rechnung präsentiert er, wenn der Bär erlegt ist.

Heinz Prokop, dt. Psychologe

Aus meiner Erfahrung sind die Phasen von Ruhe und vor allem von Aktivität meiner Klienten meist sehr lang. Nach einer sehr langen Anspannungsstrecke dauert es aber wiederum sehr lange, bis sie sich erholen können. Die meisten meiner Klienten wissen überhaupt nicht mehr, wie es sich anfühlt, *richtig* erholt zu sein, und erfahren echtes Schöpfen aus ihren Kraftquellen, aus einer wirklichen Ruhe heraus, oft erst nach mehreren Monaten therapeutischer Arbeit. Wie Bettina N.: »Jetzt verstehe ich erst, wovon Sie am Anfang sprachen. Aus dem Vollen schöpfen zu können, wieder richtig ausgeruht zu sein – das habe ich über zehn Jahre lang nicht mehr gespürt.«

Gern beschreibe ich das Zusammenspiel von Spannung und Entspannung als Zahnräder, die ineinandergreifen. Nur wenn bei zwei Zahnrädern die Größe der Zähnchen ineinanderpasst, kann das Getriebe reibungsarm laufen. Stimmt also das Verhältnis von Spannung und Entspannung, so kann ein gesundes Neben- oder Miteinander von Be- und Entlastung gelingen, und Ihr persönliches System kann »rund laufen«. Dies kann nicht funktionieren, wenn die Zähnchen unterschiedlich groß sind, wie im folgenden Bild zu sehen. Dort wurden die Zähne des großen Zahnrads (Leistung, Aktivität) einfach immer weiter gedehnt, bis sie um alles in der Welt nicht mehr in das kleine Zahnrad (Ruhe, Passivität) einfassen konnten.

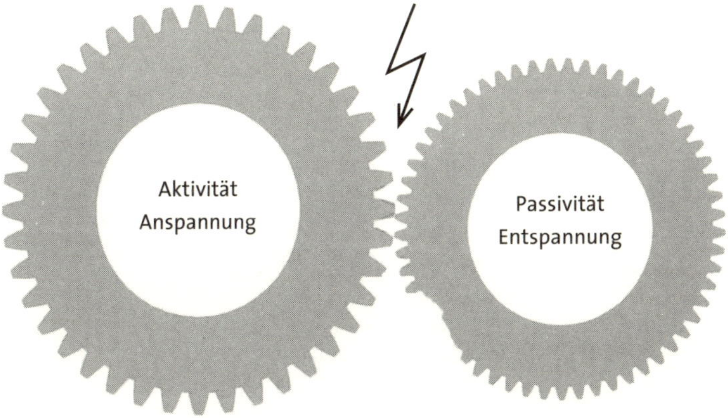

Anspannung und Entspannung in ungesundem Wechsel

Außerdem ist das kleine Rad immer heißer gelaufen, da es sich ja, im Vergleich zum großen Rad, immer schneller hat drehen müssen. Die Regenerationsfähigkeit ist sozusagen »abgenutzt« und damit nicht mehr so effektiv.

Selbst wenn die Zähne gleich groß, aber insgesamt *zu* groß sind, also wenn im übertragenen Sinne zu lange Anspannungsphasen (zu lange Tages- oder Wochenarbeitszeit) sich mit langen Entspannungsphasen abwechseln (24 Stunden auf dem Sofa liegen oder gar der erhoffte Ausstieg »Ich höre einfach mit allem auf, wenn ich nicht mehr kann«, »Wenn ich 45 bin, habe ich genug Geld, um nichts mehr zu tun, bis dahin arbeite ich einfach durch«), kann die Mechanik nicht funktionieren: Die Zähne können nicht ineinandergreifen. Und die Räder sind so groß, dass es viel Kraft bedarf, sie zum Laufen zu bringen.

Damit die Rädchen gut laufen können, also ein gesundes Gleichgewicht hergestellt werden kann, müssen sich Entspannung und Anspannung in regelmäßigen, kleineren Abständen abwechseln. Außerdem müssen Sie die Zähne »schärfen«, also dafür sorgen, dass sie gerade und stabil sind und nicht abgeschliffen. Das bedeutet, Sie sollten lernen, wie Sie zwischen An- und Entspannung klar trennen können, damit es wieder rund laufen kann.

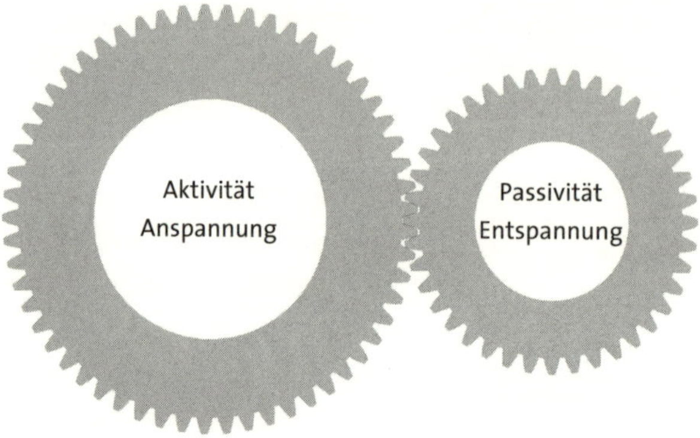

Ein weiteres Bild für Phasen der Entspannung und der Anspannung, die wir auch den »Passivmodus« und den »Aktivmodus« nennen können, ist das eines Schalters. Das Wichtige an einem Schalter ist, so banal es klingt, dass man ihn bedienen kann. Viele meiner Patienten erleben, dass sie vor dem Schalter stehen und, obgleich sie theoretisch wissen, wie er zu bedienen ist, ihn nicht mehr schalten können: »Ich weiß nicht, wie ich wieder abschalten kann, wie ich mich wieder in meinen Passivmodus bringen kann.« Mit dem Einüben von Kurzpausen und/oder einem Entspannungstraining schaffen Sie sich einen abrufbaren, d.h. steuerbaren Passivmodus. Dadurch ist es wieder besser möglich zu sagen: »Ich kann mich an den Schalter stellen und entscheiden, wann geschaltet wird.« Sie erlangen die Fähigkeit wieder, frei zu entscheiden, wann Sie ab- und anschalten wollen. Dazu gehört auch die Achtsamkeit, eigene Gefühle und Befindlichkeiten zu bemerken, also zu spüren, wann es wichtig ist, den Schalter zu bedienen. Auch diese Fähigkeit wird durch Kurzpausen und Entspannungsmethoden geschult.

Die meisten Menschen richten sich nicht durch das Tempo ihrer Arbeit zugrunde, sondern durch das Tempo ihrer Erholung.

Norman White

Eine wichtige Rolle spielt auch die Art der Regeneration. Viele meiner Patienten können nur noch entspannen, wenn sie sich durch einen *noch* stärkeren Reiz herausfordern oder ablenken. Wie Anton R., Geschäftsführender Gesellschafter eines Wirtschaftsprüfungsunternehmens, der nur nach mindestens 10 km Waldlauf abspannen konnte. Oder Daniel Z., Junior-Chef eines Maschinenbau-Unternehmens, der nur bei extrem lauter Musik, die keinen anderen Gedanken mehr möglich machte, aufhören konnte, in Problemlösungsschleifen über technische Fragestellungen zu grübeln. Andere lenken sich mit exzessivem Ausgehen ab: »Ich brauche den Freitagabend, an dem ich bis in die Puppen unterwegs bin, um einigermaßen vom Stress in meinem Job runterzukommen.« Nur ein noch größerer Reiz führt zur Ablenkung und Umlenkung der Gedanken. Aktivität wird durch Aktivität abgelöst, Körper und Geist kommen nicht mehr zur Ruhe. Viele meiner Patienten haben fast ausschließlich »aktive« und kaum »passive« Möglichkeiten der Regeneration.

In meinen Seminaren sammle ich am Anfang mit der Frage »Was schützt Sie vor Burnout?« die Regenerationsmöglichkeiten der Teilnehmer. Anschließend präsentiere ich die Ergebnisse, sortiert nach dem Grad der Aktivität, die dazu jeweils nötig ist:

Passiv

Das schützt mich vor Burnout

Schlafen
Genießen des Moments
Entspannungstechnik
Wege zu einem Termin als Pause nutzen
Natur und Kultur genießen
Yoga, Qi Gong
Essen
Lesen
Schachspielen
Kochen
Musik machen, Gedichte schreiben
Spaziergang
Werken, Gartenarbeit
Radfahren, Wandern
Fitnesstraining
Joggen
Fußball spielen
Laufen »bis an den Rand der Erschöpfung«

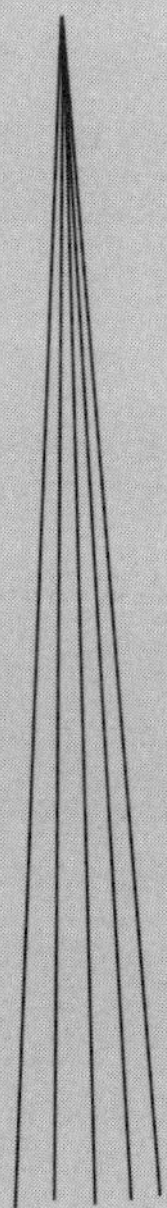

Aktiv

Aktives und Passives sollte ausgewogen sein

Dabei ist die Balance zwischen aktiven und passiven Regenerationsmöglichkeiten von großer Wichtigkeit. Denn wenn man einmal körperlich nicht fit ist, gibt es plötzlich keine Möglichkeit mehr zu regenerieren! Achten Sie daher auf ein Gleichgewicht und wählen Sie mindestens eine Regenerationsmöglichkeit aus dem passiven und eine aus dem aktiven Spektrum.

In meinem Buch »Erfolgreich ohne auszubrennen« stelle ich das Prinzip der Kurzpausen vor. Da diese, insbesondere in der Anfangsphase einer Behandlung, aber auch in Situationen, in denen großer Zeitdruck in der Arbeit herrscht, wichtig und hilfreich sind, gehe ich hier noch einmal explizit und ergänzend darauf ein. Mehr Achtsamkeit für den eigenen Körper und die eigene Seele zu erlangen und die Bereiche Spannung und Entspannung bzw. Arbeit und Freizeit besser zu verzahnen sind die Hauptgründe, die für eine Einflechtung von kleinen, kurzen Ruhepausen in den Alltag sprechen. Hinsichtlich der Wirksamkeit empfiehlt es sich, dabei verschiedene Sinne anzusprechen, und zwar in erster Linie die Sinne, die während der Arbeit in der Regel nicht so häufig (bewusst) benutzt werden: Tastsinn, Geruchssinn, Geschmacks- und Gleichgewichtssinn.

In Anlehnung an die physiologischen, 90-minütigen Leistungsintervalle möchte ich Ihnen im Verlaufe dieses Buches in regelmäßigen Abständen Kurzpausen anbieten. Dabei finden Sie unter dem Thema »Überforderung reduzieren« eher beruhigende Breaks, im Bereich »Unterforderungen vermeiden« eher aktivierende Vorschläge für eine Unterbrechung.

Arbeitsanforderungen anpassen

Anforderungen anpassen: An das sollten Sie denken

Was können wir tun, um Überforderung und Unterforderung am Arbeitsplatz zu verhindern? Dafür ist es zunächst wichtig, sich bewusst zu machen, welche Forderungen und Bedürfnisse des Arbeitgebers oder der Arbeitsumgebung welchen Voraussetzungen vonseiten des Arbeitnehmers oder des Selbstständigen/Freiberuflers gegenüberstehen – und umgekehrt. Um eine gute Abwägung finden zu können, sollten Sie stets beide Seiten im Auge behalten, also wissen, was Sie *erwartet* und was Sie *erwarten*.

Zu dieser Thematik bereiten die Teilnehmer in meinen Seminaren ein Mitarbeitergespräch in Kleingruppen vor. Es wird dabei ein Katalog erstellt mit Themen, Fragen, Lebens- und Arbeitsbereichen, die in dem Gespräch berücksichtigt werden müssen, damit die eigenen Arbeitsanforderungen angepasst werden können: Was bringt der Mitarbeiter/die Mitarbeiterin an fachlichen, beruflichen, gesundheitlichen, finanziellen, sozialen Voraussetzungen mit? Was erwarten Vorgesetzte, Kollegen oder die Firmenphilosophie von der Mitarbeiterin/dem Mitarbeiter an Leistung, Werdegang, Beitrag fürs Team? In den folgenden Abbildungen sehen Sie ein Ergebnis einer solchen Gruppenarbeit. Die Mitarbeiterin ist Projektleiterin in einem großen Automobilkonzern:

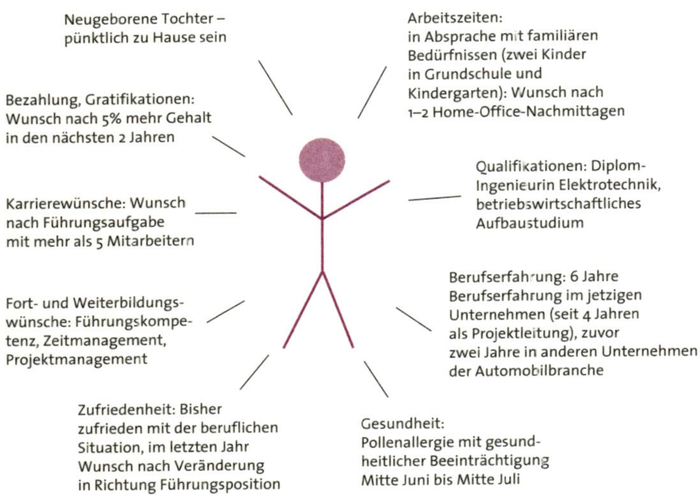

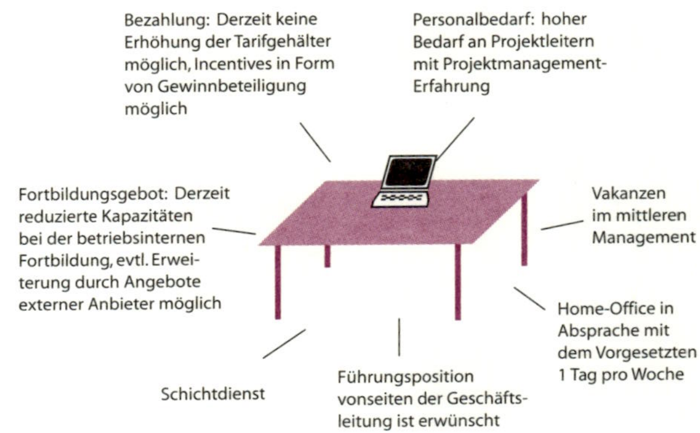

Arbeitsanforderungen: von Arbeit und Mitarbeiter

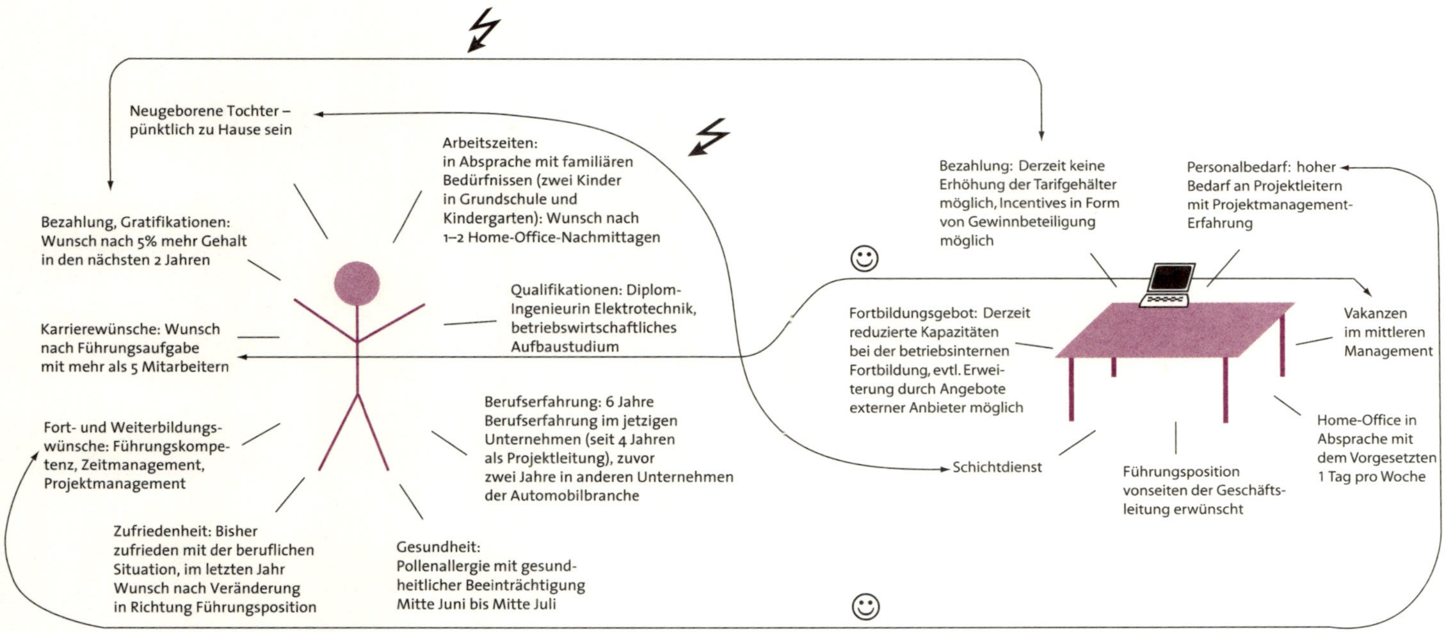

Arbeitsanforderungen: Synergien und Reibungspunkte

Stellen Sie nun, für ein fiktives oder ein real zu bestreitendes Mitarbeitergespräch, die Bereiche zusammen, die für Ihre berufliche und private Situation von Belang sind. Behalten Sie dabei Ihre Bedürfnisse sowie die vermuteten Bedürfnisse und Anforderungen Ihrer Abteilung im Auge. Die Aufstellung dient Ihnen als Basis, um die Anforderungen für sich besser anpassen zu können. Indem Sie zum Beispiel bei Themen gezielt nachhaken, die Ihnen noch nicht völlig klar sind, können Sie sie noch präziser eingrenzen. Indem Sie Fragen zu den Themen stellen oder in einzelnen Punkten um Rat oder Unterstützung bitten. Nehmen Sie sich für die Übung mindestens zehn Minuten Zeit, bilden Sie so viele Bereiche wie möglich ab. Zeichnen Sie anschließend Synergien und Reibungspunkte ein (z.B. grüne und rote Verbindungslinien), die Sie bei dieser Konstellation erwarten.

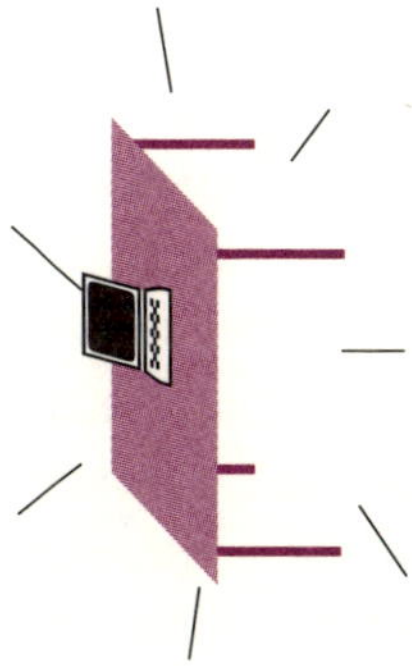

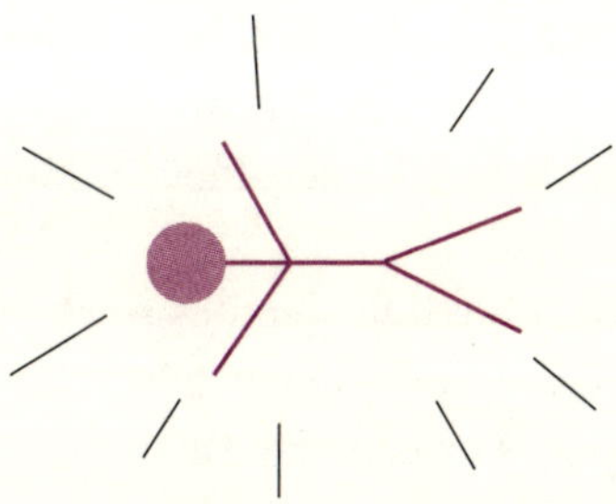

Kommunikation als Hilfsmittel

Talk about it

In den meisten Branchen hat es sich in den letzten Jahren etabliert, regelmäßig Mitarbeitergespräche zur Zielvereinbarung zu führen. In diesen werden bisherige Erfolge, Ziele sowie notwendige Schritte und Unterstützungsmaßnahmen, um diese Ziele erreichen zu können, zwischen Mitarbeiter und Führungskraft besprochen und festgelegt. Das Zielvereinbarungsgespräch findet meist einmal jährlich statt. Die meisten Unternehmen haben mittlerweile nicht nur eigene Bezeichnungen für diese Maßnahme, die hilft, Arbeitsanforderungen anzupassen (zum Beispiel STEPS bei Infineon und in der Siemens-Group, MaFöG für Mitarbeiter-Förder-Gespräch in vielen Gesundheitseinrichtungen in Baden-Württemberg), sondern auch eigene Konzepte entwickelt, abgestimmt auf die Zielgruppe und das berufliche Umfeld.

Verschiedene Kommunikationsstile in verschiedenen Branchen

Ende der Neunzigerjahre, als ich meine ersten Seminare zur Burnout-Prävention veranstaltete, war dies, vor allem in sozialen Berufen, Einrichtungen der Gesundheitsversorgung und in Bildungseinrichtungen, noch alles andere als selbstverständlich. Die Berufsschulen in Bayern entwickelten erst nach 2000 ein System zur Durchführung 2-jährlicher Mitarbeitergespräche. Auch waren Führungskräfte in diesen Bereichen, zum Beispiel Schulleiter, lange nicht in ihrer Führungskompetenz geschult: Erst seit Kurzem gibt es zum Beispiel für künftige Berufsschuldirektoren 3-monatige Lehrgänge, die sie auf die neue Vorgesetzten-Funktion vorbereiten. Zuvor erhielten die Schuldirektoren keinerlei fachliche oder personelle Schulung für ihre neuen Posten.

Was tun, wenn Gespräche nicht stattfinden?

Was aber können Sie tun, wenn es solche Unterredungen in Ihrem Unternehmen (noch) nicht gibt oder Gespräche nicht durchgeführt werden? In letzterem Fall sollten Sie unter Umständen darüber nachdenken, ob Sie in dieser Firma richtig aufgehoben sind. Denn ohne regelmäßige Gespräche kann eine Anpassung Ihrer Arbeitsanforderungen an Ihre Möglichkeiten kaum stattfinden. Und die Gefahr auszubrennen ist deutlich erhöht. In einem Unternehmen, in dem Mitarbeiter zu wenig gefördert und/ oder zu wenig maßvoll gefordert werden – und dies ist in den meisten Bereichen nur über regelmäßige Gespräche mit Vorgesetzten möglich –, ist die Burnout-Gefahr sehr hoch. Das Ausmaß der Bereitschaft Ihrer Firma und auch Ihrer Vorgesetzten, sich mit Ihren Anliegen und Interessen zu beschäftigen, schlägt sich stark auf Ihre Arbeitszufriedenheit und damit auf Ihren beruflichen Stress nieder.

Fragen, fragen, fragen

Sie selber können aber auch viel tun: Oft ist es nicht unbedingt ein Nicht-Wollen oder Nicht-Können der Vorgesetzten, manchmal sind es auch Missverständnisse oder zu wenig fest eingeplante Zeiten für die Mitarbeitergespräche, die dazu führen, dass über Zielvereinbarungen zu wenig gesprochen wird. Sowohl Ihr Vorgesetzter als auch Sie können aktiv zum Gespräch anregen. Beide sollten sich darauf vorbereiten können. Wenn Sie ein wichtiges Gespräch mit Ihrem Chef oder Ihrer Chefin planen, kündigen Sie das Thema an, machen Sie einen Termin aus. So wie Sie es sich auch von Ihrer Führungskraft wünschen.

Sagen, Sagen, Sagen

Nicht selten bemerke ich, dass Klienten auf der einen Seite sehr lange zögern, Ihren Vorgesetzten zum Beispiel von einem besonderen Interesse, einer eigenen Idee zu erzählen. Auf der anderen Seite ist meine Erfahrung aus Führungkräfteseminaren, dass viele Manager sehr dankbar für solche Hinweise sind. Viele würden Aufgaben gern mehr nach den Talenten und Interessen der Mitarbeiter aufteilen. Dieses Instrument wird von vielen Führungskräften sogar als Mittel genutzt, um die Burnout-Gefährdung ihrer Mitarbeiter zu reduzieren. Viele sind daher dankbar, Hinweise zu bekommen – denn auch Ihr Chef oder Ihre Chefin kann Ihre Gedanken nicht lesen.

3. Überforderung reduzieren, Stressoren abbauen

Überforderung abbauen, um mehr Zeit zu haben, Stressoren abbauen, um leichter arbeiten zu können, sind wichtige Bausteine der Burnout-Prophylaxe und Behandlung.

Zeitdruck mindern

Beispiel

Tanja Bischoff versucht, ihre Belastung beim Umgang mit Kunden zu verringern. Bei Anfragen oder Bitten um Stellungnahme sagt sie nicht mehr wie bisher: ›Ich erledige das bis morgen!‹ Sie verzichtet nun, wenn irgend möglich, auf eine konkrete Terminangabe. Sie gibt eher grobe Zeiträume an, wie zum Beispiel: ›Im Laufe der nächsten Tage‹, oder sagt auch mal: ›Ich rufe Sie zurück, wenn ich das mit meinem Team besprochen habe.‹ So bestimmt sie stärker *ihr* Tempo und nimmt dadurch, dass sie sich selbst nicht sofort einen festen Termin setzt, der vielleicht nicht zu schaffen ist, Druck von sich weg.

Es gibt Wichtigeres im Leben, als beständig dessen Geschwindigkeit zu erhöhen.

Mahatma Gandhi

Zum Thema Zeitmanagement gibt es eine Reihe von bewährten Methoden, eine Fülle von guten Ratgebern, Seminaren und Fortbildungen. Neben einigen Literaturempfehlungen, die Sie im Anhang dieses Buches finden, möchte ich Ihnen die wichtigsten Elemente eines guten Zeitmanagements sowie die speziellen Themen, die viele Burnout-Betroffene beschäftigen, hier stichpunktartig aufführen.

Um Zeitdruck zu reduzieren, ist es zunächst wichtig, sich eine gute Übersicht über die zu erreichenden Ziele und die zu erledigenden Aufgaben zu schaffen, unter anderem mithilfe von Tages-, Wochen- und Monatsplänen. Entscheidend ist auch, die Wichtigkeit der einzelnen Aufgaben zu bedenken. Für zu erledigende Aufgaben sollten Prioritäten geschaffen werden; zum Beispiel A- (= hohe), B- (= mittlere) und C- (= niedrige) Priorität. Sie können auch die sogenannte Eisenhower-Methode anwenden, in der Aufgaben nach Dringlichkeit und Wichtigkeit sortiert werden. Je nachdem, in welcher Kategorie eine Aufgabe landet, wird dann eine Methode empfohlen, diese zu erledigen:

	Nicht dringend	Dringend
Wichtig	Aufgabe exakt terminieren und persönlich erledigen	Sofort selbst erledigen
Nicht wichtig	Nicht bearbeiten → Papierkorb	An kompetente Mitarbeiter delegieren

Die Eisenhower-Methode

Mit dem »Teile-und-Herrsche«-Prinzip können Sie Aufgaben in kleinere Teile aufteilen und damit beherrschbarer machen oder auch die eigenen Kräfte aufteilen, um von mehreren Gesichtspunkten aus ein Problem zu betrachten und ein Ziel zu erreichen. Und schließlich können Sie auch ein paar grundsätzliche Entlastungsfragen beantworten, um zu entscheiden, was zu Ihrer Tätigkeit gehört: »Warum gerade ich?«, »Warum gerade jetzt?«, »Warum so?« und »Warum überhaupt?«

Ihr Zeitmanagement können Sie auch verbessern, indem Sie beachten, *wann* Sie *was* am besten machen. So können langweilige Aufräum- und Sortierarbeiten oder Tätigkeiten, die ein stures Wiederholen ein und desselben Arbeitssschrittes verlangen (wie zum Beispiel das Ausfüllen von Listen, Erstellen von Rechnungen, Kontrollieren von anderen Arbeitsabläufen), in Phasen besser bewerkstelligt werden, in denen man eher schlecht gelaunt ist. Unser Sinn für Ordentliches ist in solchen Momenten geschärft, es kostet uns weniger Überwindung als in Phasen, in denen wir gut gelaunt sind. Umgekehrt eignen sich Phasen, in denen Sie gut gelaunt sind, besser für kreative Arbeiten, für Planungen oder Tätigkeiten, die einen größeren Überblick über eine Vielzahl von Arbeitsschritten verlangen. Machen Sie sich eine Liste der Tätigkeiten aus Ihrem Job, die zur ersten Kategorie, und eine Liste der Tätigkeiten, die zur zweiten Kategorie gehören:

Gegenüber der Fähigkeit, die Arbeit eines einzigen Tages sinnvoll zu ordnen, ist alles andere im Leben ein Kinderspiel.

Johann Wolfgang von Goethe

Tätigkeiten für schlechte Laune

Tätigkeiten für gute Laune

Ähnlich wie Ihre Laune ist auch Ihr Biorhythmus ein guter Zeitgeber für die verschiedenen zu erledigenden Aufgaben. Wenn möglich, sollten Sie Beschäftigungen danach abstimmen, wann Sie besonders leistungsfähig sind, ob Sie eher morgens »alles geben« können oder am besten bis spät in die Nacht arbeiten, weil Sie dann die zündenden Ideen haben. Wichtig ist dabei vor allem, dass Sie Ihre eigenen Rhythmen *kennenlernen*, und dann, im Rahmen Ihrer Möglichkeiten, Ihre Arbeitszeit in Ihrem Sinne umstrukturieren.

Thorsten J. hat sich im Umgang mit Kollegen ein paar neue »Regeln« auferlegt. Bislang konnte jeder, wann er wollte und so lang er wollte, an seinem Arbeitsplatz vorbeikommen, um »mal kurz eine Frage zu klären«. Die kurze Frage nahm dann jedoch häufig längere Zeit in Anspruch – nicht selten wurde aus ein paar Minuten eine halbe Stunde. Dies brachte Herrn J. immer mehr in Bedrängnis, denn andere Projekte blieben dadurch liegen und er nahm immer mehr Arbeit mit nach Hause. Insbesondere die Fragen ärgerten ihn, bei denen er im Gespräch merkte, dass der Kollege sich noch gar nicht richtig darüber im Klaren war, was er eigentlich wissen wollte. Der Kollege hatte ihn an seinem Arbeitsplatz gesehen und gedacht: »Jetzt lauf ich grad vorbei, da frag ich einfach mal kurz den Thorsten, was er dazu meint.« Seine neue Regel ist folgende: Bei einer Frage sagt er nicht mehr wie bisher: »Kein Problem, setz dich!«, sondern fragt immer zuerst den Zeitbedarf ab. Bis zu fünf Minuten heißt dann: Die Frage wird sofort beantwortet. Über fünf Minuten: Ein Termin wird eingetragen. Diese Vorgehensweise hat manche Kollegen dazu gebracht, intensiver die Fragestellung zu überdenken und vermehrt zu schauen, ob ein Teil des Problems doch von ihnen allein gelöst werden kann – denn auch der Fragende muss erst einen Termin eintragen im eigenen, auch stets überfüllten, Terminkalender. Oft hat sich bis zum Termin schon ein Teil der Frage in Wohlgefallen aufgelöst.

Ich will noch auf die Elemente des Umgangs mit Zeit eingehen, die ich besonders häufig bei Burnout-Betroffenen beobachte und für wichtig halte.

Viele meiner Klienten versuchen, nach vermeintlichen Fehlschlägen, *mehr desselben* zu machen. Zum Beispiel, wenn ein Kollege oder der Chef Kritik äußert, versuchen viele ohne Rückfrage zunächst durch Mehrarbeit zu verhindern, dass dies noch einmal geschieht. »So hat das ja bisher auch immer geklappt«, sagt uns die Gewohnheit, und die bisherigen Erfolge scheinen uns recht zu geben. Doch das hat in diesem Fall nicht geklappt. Eine Alternative zu »mehr desselben« wäre, *genauer nachzufragen*, was denn im Einzelnen bemängelt wird. Wahrscheinlich ist es weniger schlimm, als Sie zunächst befürchten. Vielleicht hat Ihr Chef oder Kollege in der Zwischenzeit sogar einen Rat, an welcher Stelle eine Verbesserung möglich wäre, nachdem sie ein paar Tage darüber nachgedacht haben oder zum Beispiel der erste Schreck nach der Beschwerde des Kunden verdaut ist.

Ich habe keine Zeit, mich zu beeilen.

Igor Strawinsky

Ein weiterer Fallstrick ist, dass viele meiner Klienten meinen, nach einem Fehler nicht nur *dasselbe*, sondern auch *möglichst schnell* weitermachen zu müssen, wieder in die alte Routine einsteigen zu müssen – die Zeit muss ja aufgeholt werden, die der Fehler gekostet hat! Meine Klienten nehmen sich zu selten Zeit für eine Denkpause, eine Analyse der Fehler. Denn eine Schwäche zu haben ist für Burnout-Betroffene sehr schwer auszuhalten, da bislang die meisten Lebenssituationen allein, mitunter durch das Aufbringen fast übermenschlicher Kräfte, bewerkstelligt werden konnten. Gerade nach einem Rückschlag sollten Sie sich genügend Zeit nehmen, um eine neue, bessere Strategie zu ersinnen. Lehnen Sie sich bildlich gesprochen (oder real) zurück, machen Sie eine kurze Pause und versuchen Sie, zum Beipiel mithilfe einer weiteren Person, das Problem aus einem anderen Blickwinkel zu sehen. Auch wenn diese Möglichkeiten zunächst etwas mehr Zeit kosten, können Sie durch das Einsparen überflüssiger Mehrarbeit oder das Vermeiden nochmaliger Fehler langfristig deutlich dazu beitragen, Zeit zu gewinnen.

Rahmenbedingungen klären schützt vor Burnout

Ein weiteres wichtiges Hilfsmittel, um Zeitdruck zu verringern, ist, die Rahmenbedingungen Ihrer Arbeit zu klären. Unklarheit ist eines der häufigsten Themen, das Patienten aus ihrem Arbeitsumfeld mitbringen. »Ich weiß gar nicht, was meine genauen Aufgaben sind – eigentlich war die Stellenbeschreibung eine ganz andere!« Oder: »Es war nie richtig geklärt, wie lange ich für dieses Projekt Zeit habe. Die Angaben meiner Vorgesetzten waren sehr vage und ich habe es nie geschafft, dass sie sich festlegen.« Dabei ist ein Teil der Unklarheit firmengemacht, ein Teil trägt aber auch jeder Einzelne dazu bei, indem er oder sie auf Klärung der Rahmenbedingungen ganz oder teilweise verzichtet oder diese nicht rechtzeitig mit beeinflusst.

Um Burnout-Gefahr zu beseitigen, ist es wichtig, die Rahmenbedingungen der eigenen Tätigkeit, einer Aufgabe oder eines Projektes, so genau als möglich zu klären. Dabei ist wichtig zu wissen: Schon die *Klärung* von Rahmenbedingungen ist hilfreich, nicht nur die *Verbesserung* von Rahmenbedingungen. Schon die Klärung bringt eine Erleichterung im Arbeitsablauf. Und Sie tun gut daran, dies von sich aus immer wieder zu fordern – denn Sie wissen besser als alle anderen, was für Sie wichtig ist.

Verena H. ist mit dreißig bereits seit einigen Jahren erfolgreiche Projektmanagerin im Bereich Relocation. Als Kunsthistorikerin hat sie ein Gefühl für Feinheiten, Geschmack und Stil. Sie stammt aus einer Familie, in der schon viele Frauen »das Heft in der Hand hatten« und »so richtig zupacken konnten«, sagt sie. Ihre Großmutter und ihre Tante hatten jeweils eigene Hotelbetriebe aufgebaut und gewinnbringend geführt. Auch sie half schon als junges Mädchen oft aus, 12–14 Stunden Schichten sind für sie »ganz normal«. Dennoch leidet Frau H. zunehmend häufig unter unkontrollierbar und plötzlich auftretenden Magenkrämpfen, die sie, die sonst »nie aufgibt«, dazu zwingen, ihr Arbeitspensum zu reduzieren. Sie weiß, dass sie manchmal zu wenig von ihren Mitarbeitern und zu viel von sich fordert, meint aber, dass es durchaus passt, wenn sie dennoch immer wieder einem Kollegen oder einer Kollegin einen Gefallen tun kann. So übernimmt sie gelegentlich, wie es in der Anfangsphase ihrer Berufstätigkeit für sie üblich war, in der sie als Berufsanfängerin »jeden« Job gern angenommen hatte, Nebenjobs als Grafikdesignerin. So auch in einer Phase, in der sie eine neue Aufgabe übertragen bekommt und zusammen mit einem Kollegen ein Team mit über 15 Mitarbeitern neu aufbauen muss. Aber, kein Problem, sie hat ja ihre Freundin und Kollegin Marie im Hintergrund, der sie diesen Auftrag dann weitervermitteln will. Allerdings lässt sich der Auftraggeber Zeit. Sie wartet Tag um Tag auf den Anruf und eine Terminvereinbarung, bis schließlich eine Besprechung von »heute auf morgen« angesetzt wird mit der Vorgabe, das Projekt müsse noch Ende der Woche unbedingt abgeschlossen sein. So bleibt ihr, die sich schon genau ausgedacht hatte, wie sie ihre Freundin zu dem Job bringen wollte, keine Zeit mehr, dies umzusetzen. Denn die Freundin ist genau an diesem Tag nicht erreichbar. Und so muss Frau H. den Besprechungstermin mit dem Auftraggeber allein wahrnehmen. Und nimmt den Auftrag selbst an – obwohl ihr die eigenen Projekte und der Lebensgefährte, mit dem sie ein romantisches Wochenende geplant hatte, im Nacken sitzen. Tags darauf schlagen die Magenbeschwerden wieder zu.

Wie hätte Verena H. die Situation anders lösen können? Der entscheidende Schritt für sie wäre gewesen, von sich aus die Initiative zu ergreifen. Nicht warten, bis der Auftraggeber anruft, sondern frühzeitig selbst anrufen, um ihre Pläne mitzuteilen und die Situation so mehr nach ihren eigenen Wünschen gestalten zu können. Das Heft selbst in die Hand nehmen. Dadurch hätte sie schon frühzeitig ihre Freundin kontaktieren können, um von ihrem Vorschlag zu berichten und den Kontakt zu knüpfen. So hätte sie den Auftraggeber direkt an sie verweisen können.

Um Druck zu minimieren und die Burnout-Gefahr zu reduzieren, ist es wichtig, Rahmenbedingungen günstig zu gestalten. Sie so zu gestalten, dass man selber nicht »draufzahlt«. So sind manche Grundvoraussetzungen Ihrer Arbeit möglicherweise wie geschaffen, um Stress zu produzieren und Sie ausbrennen zu lassen. Norbert N., selbstständiger IT-Berater, hatte jahrelang auf die Bonitätsprüfung bei seinen Kunden verzichtet. Aus vermeintlicher Freundlichkeit (»Man kann doch nicht jedem gleich misstrauen!«) meinte er und war sich darin auch mit seinen zwei Mitarbeitern einig, dies sei nicht nötig. Bis er einen Kunden hatte, der ein Großprojekt für über 150 000 Euro in Auftrag gab. Er kam zu den Terminen stets im 6er-BMW vorgefahren. Erst nach der Fertigstellung des bestellten Produkts, bei der Rechnungsstellung, mussten er und seine Kollegen feststellen, dass der Kunde Hartz-IV-Empfänger war und völlig zahlungsunfähig. Das teure Auto war vom Vater des Kunden geleast worden. Etliche Arbeitswochen und Investitionen waren umsonst getätigt worden. Während der Behandlung nahm Herr N. den Ärger, den er vorher oft hinuntergeschluckt hatte, mehr und mehr wahr und sagte sich: »Warum soll ich mich über so etwas ärgern? Ich mache gute Arbeit und habe Anspruch auf zahlende Kunden!« Künftig holten er und seine Kollegen von jedem neuen Kunden bei größeren Aufträgen eine Schufa-Auskunft ein.

KURZPAUSE: TASTEN
(Haptische Wahrnehmung)*

Nehmen Sie einen Gegenstand in die Hand, dessen Oberfläche und Konsistenz Ihnen angenehm ist. Schließen Sie die Augen und bewegen Sie den Gegenstand in Ihren Händen hin und her, lassen Sie ihn eine Weile auf Ihrer Handinnenfläche ruhen, berühren Sie ihn mit den Fingerspitzen. Genießen Sie die Berührung.

Die Haptik oder Berührungsempfindung ist die erste Sinneswahrnehmung, mit der Säuglinge ihre Umgebung erkunden. Zunächst mit dem Mund, später mit den Händen, berühren sie alles, um es ertastend kennenzulernen. Auch Erwachsene nutzen immer wieder die Berührung, um neue Gegenstände zu erforschen. Eindrücklich war dies bei der ersten Ausstellung von Mondgestein zu beobachten: Kaum einer der Besucher konnte widerstehen, die Steine zu berühren. Wie wichtig uns diese Sinneswahrnehmung ist, wird uns zum Beispiel bewusst, wenn wir verliebt sind. Die Berührung des Geliebten erscheint fast lebensnotwendig. Dennoch gerät die Berührungsempfindung im Alltag oft »unter die Räder«: Sehen und Hören stehen für viele Menschen heutzutage im beruflichen Alltag im Vordergrund. Nehmen Sie sich daher immer wieder Augenblicke, um Berührung bewusst zu erleben. Testen Sie, welcher Gegenstand für Sie infrage kommt. Rauh oder glatt, hart oder weich, kalt oder warm – was spricht Sie am meisten an? Lagern Sie einen solchen Lieblingsgegenstand an Ihrem Arbeitsplatz und nehmen Sie ihn immer mal wieder in die Hand.

---

* (mehr zu Kurzpausen auf Seite 58 ff.)

Rollenerwartungen überprüfen, Komplexitätsdruck abbauen

In vielen Berufen oder vor allem in Führungspositionen sind die Komplexität der Aufgaben und die damit verbundenen realen wie auch gefühlten Rollenerwartungen sehr vielfältig. Sehen wir uns einmal an, mit welchen Rollenerwartungen sich Christian, stellvertretender Abteilungsleiter in einer Baufirma, konfrontiert sieht:

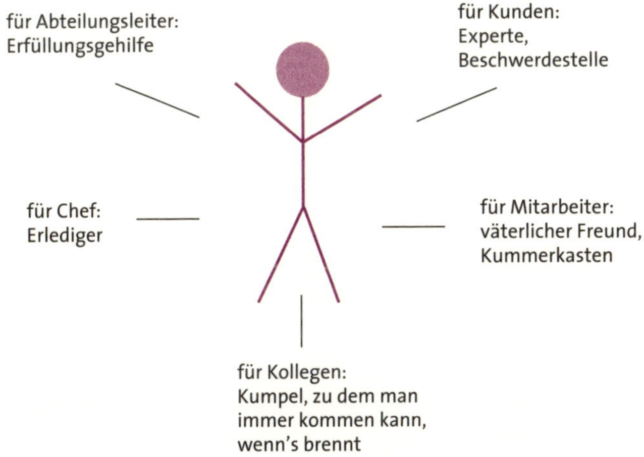

»Das sind aber viele Rollen!« könnte man denken. Dabei haben wir nur einen kurzen Tagesabschnitt und damit einen kleinen Teil von Christians Tätigkeit, die »normale« Büroarbeit, beleuchtet. Noch deutlich mehr käme hinzu, wenn man weitere Aufgaben berücksichtigen würde, wie etwa die Schichteinteilung für seine Mitarbeiter, Zeugnisse und Beurteilungen erstellen, neue Computerprogramme installieren und erlernen oder die Besuche auf den Baustellen. Viele Menschen sind sich nicht oder nur wenig bewusst, dass sie, allein im Job, eine Vielzahl von Rollenerwartungen erfüllen sollen.

Schauen Sie sich nun einmal selbst an, welche Rollenerwartungen Sie in Ihrem Job erfüllen müssen – oder meinen, erfüllen zu müssen:

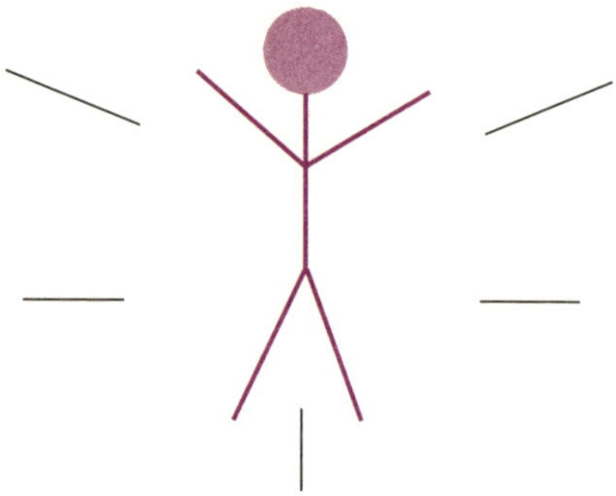

Auch der Wechsel von Rollenerwartungen im Laufe einer Tätigkeit oder Karriere kann zu Überlastung führen. So erleben vor allem Selbstständige und Unternehmensgründer, die mit viel Elan und vielleicht ein paar Freunden eine Firma gründen, dass sich zum Beispiel ein allzu kooperativer Führungsstil bei einer Expansion des Unternehmens nicht durchhalten lässt. Ingo B. hat im Alter von 25 Jahren mit zwei Studienkollegen ein IT-Unternehmen gegründet. Jetzt, sieben Jahre später und nun mit über 50 Mitarbeitern, hilft er immer noch gerne persönlich Mitarbeitern bei der Erledigung von Aufgaben und steht für alle Fragen jederzeit zur Verfügung. Das hat er immer so gemacht und so bleibt nichts »auf der Strecke«. Auch wegen kleinerer, technischer Fragestellungen kommen Angestellte zu ihm. Da der Umgang im Unternehmen bislang geprägt war von freundschaftlicher Kollegialität, behält auch Herr B. dieses Muster bei, ohne es infrage zu stellen. Dabei hat sich seine Rolle als »Pionier unter Pionieren« über die eines »freundschaftlichen Helfers« zu der des »Lenkers und Beraters« gewandelt. Er selbst fühlt sich noch in der ursprünglichen, kumpelhaften Rolle verhaftet und scheut sich, ein anderes Verhaltensmuster an den Tag zu legen, um seine Mitarbeiter nicht zu brüskieren. Doch er gerät immer mehr unter Zeitdruck, kommt oft erst um 22 Uhr nach Hause. Dabei hatte er seiner Frau versprochen, dass es nur in den ersten zwei bis drei Jahren nötig sein würde, sich so »reinzuhängen«! Erst als er sich bewusst macht, dass auch er sich dem Wachstum seines Unternehmens anpassen muss, wagt er, Mitarbeitern mehr und mehr Fragen und Aufgaben zurückzugeben, statt Dinge für sie zu erledigen. Er regt sie häufiger an, zunächst länger selbst nach einer Lösung zu suchen. Erstaunlicherweise bereitet dies den Mitarbeitern viel weniger Probleme, als er vermutet hat. Sein Tagesablauf wird ruhiger, er kann früher die Arbeit abschließen. Auch das Arbeitsklima entspannt sich, in den Abteilungen entfaltet sich noch mehr Eigeninitiative. Und Ingo B. gewinnt mehr Zeit und Muße, sich seinen Kernaufgaben, der Pflege von Geschäftskontakten und der strategischen Unternehmensentwicklung, zu widmen.

Rollenerwartungen des »unsichtbaren« Vorgängers

Eine andere Situation entsteht, wenn der Posten eines Vorgängers übernommen wird. Wenn dieser beispielsweise ausgesprochen beliebt war, weil er, aufgrund seines kommenden Ruhestands, vieles hat durchgehen lassen, kann es schwierig werden. Hier müssen sich alte Rollenerwartungen in der Belegschaft umstellen – Erwartungen, die sich mitunter unverändert auf den neuen Stelleninhaber übertragen. Dabei ist es manchmal schwer zu unterscheiden, welche Rollenerwartungen noch vom Vorgänger stammen und was eigene Themen sind. So hat Jan S. eine neue Stelle als Arzt in einem kleinen, multiprofessionellen Team mit Altenpflegern, Sozialpädagoginnen und Ergotherapeuten übernommen. Er wird herzlich empfangen, sind die Kollegen doch froh, wieder einen ärztlichen Kollegen zu haben (die Stelle war zuvor ein halbes Jahr unbesetzt). Doch dann spürt Herr S. bei der Zimmerverteilung, wie plötzlich alle bestrebt sind, nicht das Büro mit ihm teilen zu »müssen«. Er kann sich keinen Reim darauf machen, denn er war auch an seinem alten Arbeitsplatz immer gut mit Kollegen zurechtgekommen. Die Situation spitzt sich immer mehr zu: In Teammeetings ist die Stimmung oft gereizt, seine fachlichen Kommentare werden immer häufiger abfällig kommentiert. Im Sinne einer Burnout-Prophylaxe bittet er die Kollegen zu einer Krisensitzung. Dort kann die Situation mithilfe eines Supervisors geklärt werden. Eine einzige Bemerkung in seiner ersten Arbeitswoche hatte die Kollegen gegen ihn eingenommen. »Ich finde es sehr wichtig, mit niedergelassenen ärztlichen Kollegen zusammenzuarbeiten«, hatte er aus seiner Überzeugung heraus gesagt, damit immer gute Erfahrung gemacht zu haben. Was er nicht wissen konnte und was er nun erst erfährt: Seine Vorgängerin an dieser Stelle hatte sich mit diesem Satz vor einem Jahr abrupt »verabschiedet« und damit ihre Kollegen brüskiert. Sie hatte, ohne Absprache mit dem Team, parallel zu ihrer Aufgabe im Team, eine Gemeinschaftspraxis mit einem niedergelassenen Kollegen eröffnet und die Kollegen dann vor vollendete Tatsachen gestellt. Zudem hatte sie anschließend, als die Zusammenarbeit wegen der unüberbrückbaren Differenzen nicht mehr möglich war, gerichtlich eine hohe Abfindung durchgesetzt. Dies führte zu hohen finanziellen Belastungen für den Träger der Einrichtung und zwang den Arbeitgeber, die Stelle ein halbes Jahr unbesetzt zu lassen. Die Kollegen hatten bei seiner Bemerkung, er wolle mit niedergelassenen Kollegen zusammenarbeiten, befürchtet, dass auch der neue Arzt ähnlich handeln würde. Er war so, ohne es zu wollen, in die Rolle des »Abtrünnigen«, dem, der das Team schädigt, hineingeraten. Die Kollegen hatten daraufhin alle seine Äußerungen nur noch in dieser Richtung interpretiert. Erst durch das klärende Gespräch konnte das Missverständnis gelöst und eine neue, vertrauensvolle Zusammenarbeit begonnen werden.

Nicht immer lassen sich kritische Situationen durch ein Gespräch lösen. Rollenerwartungen zu erkennen, vor allem wenn sich eine Tätigkeit verändert, ohne dass man es bemerkt, kann auch zur Entscheidung führen, sich von dem Job zu trennen. Tobias R. hatte gegen Ende des Studiums mit drei Kommilitonen ein Maschinenbau-Unternehmen gegründet. In meine Beratung kommt er etwa 15 Jahre später, nachdem die Firma sich stetig erweitert hatte, auf mittlerweile 500 Mitarbeiter. Er ist, trotz des großen Erfolgs seines Unternehmens, das sich zu einem der Marktführer auf seinem Gebiet entwickelt hat, müde und antriebslos. Seit einem Jahr ist er nicht mehr in der Lage, wichtige Entscheidungen für die Zukunft der Firma zu treffen.

Die Situation hatte sich bereits über mehrere Jahre entwickelt: Je mehr sich sein Aufgabenbereich als Vertriebsleiter erweiterte, je mehr er delegieren musste und je weniger er selbst die operative Arbeit am Kunden gestalten konnte, umso schwieriger wurde es für ihn, umso entscheidungsunfähiger fühlte er sich. Vorstandssitzungen wurden für ihn mehr und mehr zum Martyrium, weil hier ständig schnelle Entscheidungen von ihm verlangt wurden. Als schließlich die Vorstandskollegen merkten, dass er auch im operativen Geschäft immer schlechtere Leistungen erbrachte und sie nicht mehr wussten, wie sie mit ihm umgehen sollten, setzten sie ihm, unter anderem, einen neuen Vertriebsleiter »vor die Nase«. So konnte er nur noch reagieren und nicht mehr agieren und mitgestalten.

Als Auslöser der von ihm erlebten Arbeits- und Motivationsunfähigkeit zeigt sich, dass er mit der stetig wachsenden Verantwortung für weitere Mitarbeiter und der damit wachsenden Abkopplung vom direkten Geschäft nicht zurechtkommt. Er kann und will die starke Expansion des Unternehmens nicht mittragen, da sie unter anderem nicht zu seiner Rolle passt, die er sich in der Lage sieht zu spielen. Er ist immer noch ein hervorragender Verkäufer und gern im direkten Kontakt zum Kunden. Gleichzeitig ist er aber sehr genau und somit nur schlecht in der Lage, Verantwortung abzugeben.

Tobias R. erinnert sich, dass er schon im Studium den Studienkollegen, mit denen er im Anschluss die Firma gründete, stets »hinterher«gelaufen ist. Er habe immer jemanden gebraucht, der ihm, wie einst sein größerer Bruder, »die Richtung angibt«. Dann sei er zu »Top-Form« aufgelaufen. Die Bedingungen seiner Vorstandstätigkeit passen immer weniger zu seinen Möglichkeiten und dem Bedürfnis, mitgerissen zu werden. Dies ist schon lange so, er hat die Diskrepanz nur nicht gesehen oder nicht sehen wollen. Das Organigramm seiner Firma macht ihm schmerzlich bewusst, wie lange dies schon nicht mehr stimmt: Im Bild sehen Sie die Positionen von Thomas R. (lila Kreis) innerhalb seines Unternehmens im Vergleich zu seinen Vorstandskollegen (graue Kreise)

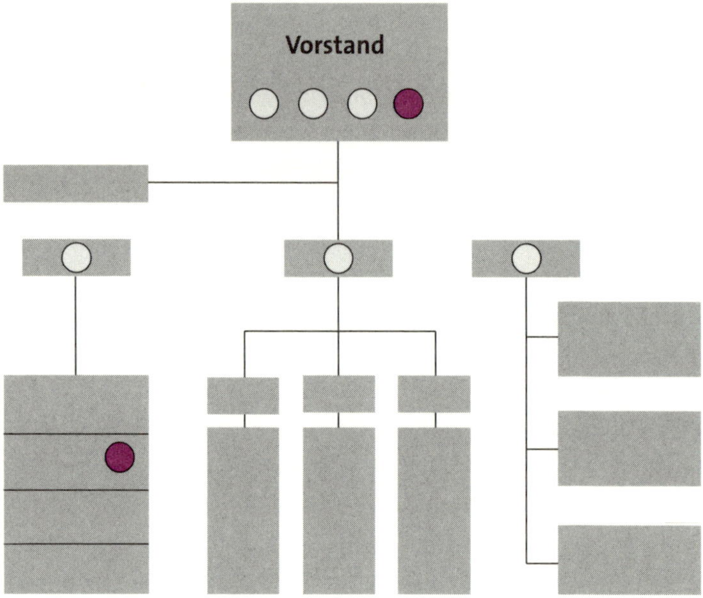

Um die Situation für den Klienten veränderbar zu machen, bitte ich ihn, sein aktuelles Verhältnis zur Firma durch seine Position im Raum selbst zu bestimmen. Er stellt sich zunächst direkt neben das von ihm gezeichnete Organigramm – und fühlt sich dabei äußerst unwohl. Erst auf meine Aufforderung hin, einen anderen Standort auszuprobieren, durchquert er das Zimmer – um in größtmöglicher Entfernung zum ›Unternehmen‹ stehen zu bleiben. Erst dort beginnt er wieder, sich wohlzufühlen.

Um die Situation im Kollegenkreis weiter aufzulösen, stellen wir die prekäre Situation im Vorstand anschließend mit Stühlen nach:

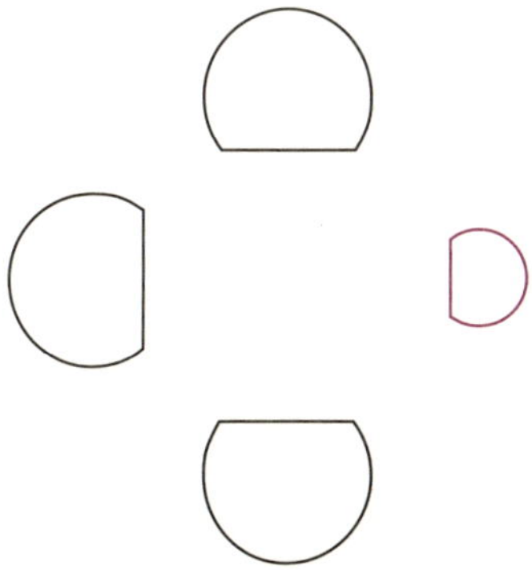

Dabei wählt Tobias R. für sich den Stuhl, der am wenigsten in das Ensemble passt, den ältesten, kleinsten und abgenutztesten. Zudem rückt er seinen Stuhl unbewusst, aber sichtbar, ein kleines Stück aus dem Kreis heraus. Ihm ist wieder überhaupt nicht wohl dabei: »Ich fühle mich ausgestoßen, zu weit weg von dort, wo das Leben ist.« Erst als er bewusst den Stuhl aus dem Kreis nimmt, sich ohne direkten Blickkontakt zu seinen Kollegen setzt, kann er wieder durchatmen. Ich habe mich »aus der direkten Schusslinie genommen«, sagt er erleichtert. »So kann ich ja auch woanders hinschauen …« bemerkt er erstaunt. »Dort könnte das Leben ja auch weitergehen!«

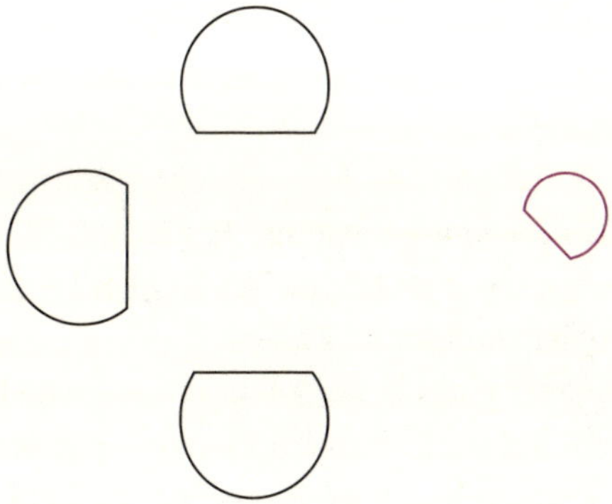

Für Herrn R. ist die Lösung schließlich, sich mit einem lachenden und einem weinenden Auge aus dem Unternehmen zu verabschieden und seine Lebensaufgabe in anderen beruflichen und privaten Betätigungen zu suchen. Nach monatelangem Ringen, u.a. um den Stolz und die Bewunderung, die es ihm eingebracht hatte, dieses erfolgreiche Unternehmen mit zu gestalten, verkauft er seine Anteile an der Firma. Das vollständige Commitment an den Job, wie es Geschäftsführer auf Expansionskurs durchziehen müssen, stets als »Macher« und »Entscheider« zu fungieren, waren nicht seine Rollen. Er hat nun mehr Zeit für seine Frau und seine zwei Söhne, wie sein eigener Vater, der ihm in dieser Beziehung ein liebevolles Vorbild gewesen ist. Er empfindet dies als wertvoller als den rein wirtschaftlichen Erfolg und das Prestige, das mit seiner Vorstandstätigkeit verbunden war. Dieser Posten hatte ihn in eine Rolle hineingedrängt, die – auf Dauer – nicht zu ihm passte. In seinem neuen Job, als Vertriebsleiter einer kleinen Firma, die sehr spezielle Softwarelösungen an Firmen der Modebranche verkauft und nur zehn Mitarbeiter hat, hat er mehr Freiräume und kann gleichzeitig wieder selbst verkaufen. Beruf und Privatleben machen ihm wieder so viel Freude wie früher.

Auf der folgenden Seite können Sie das Organigramm Ihrer Firma oder Ihrer Abteilung aufzeichnen. Markieren Sie anschließend Ihre Position in der Zeichnung und lassen Sie das Bild einen Moment auf sich wirken. Passt die eingezeichnete Position zu dem Gefühl, das Sie in Ihrem Job haben? Ist es Ihre Wunschpositition oder stünden Sie lieber woanders oder gar ganz außerhalb des Diagramms?

Bei Tobias R. haben sich die veränderten Rollenerwartungen der Kollegen als schwierig erwiesen. In einem weiteren Beispiel will ich illustrieren, wie andere, in der Kindheit erlebte, Rollenmuster, zu Problemen führen können.

Klaus I., Inhaber eines Unternehmens der Werbebranche mit 30 Mitarbeitern, hat stets »an allen Fronten« gekämpft: Von der Buchhaltung über die Kundenakquise, von der Finanzierung bis hin zur neuen Firmenstrategie, vom operativen Geschäft bis zu neuen Erfindungen hat er immer bei allem mitgesprochen und -entschieden. Schließlich ist es sein Geld, er muss letztendlich seinen Kopf hinhalten und mit den Banken die Kredite aushandeln, immer wieder verlängern und am Schluss dafür geradestehen. Er ist häufig krank, grippale Infekte, Allergien und Magen-Darm-Beschwerden wechseln sich ab. Er ist erschöpft und ausgelaugt, in seiner Freizeit ist es ihm nicht einmal im engsten Freundeskreis möglich, sein, von ihm »chefiges Gehabe« genanntes, Verhalten abzulegen. Nicht einmal wenn er, wie so oft, krank ist. Dies hat bereits so sehr zum Zerwürfnis mit seiner Frau geführt, dass diese nun damit droht, ihn zu verlassen, sollte dies so weitergehen. Er ist sich der Situation durchaus bewusst, schafft es aber nicht, anders zu agieren, obwohl er es doch so gerne anders will. Warum klappt es nicht? Von Kind an hat er sich angewöhnt, alles allein zu machen. In seiner Familie dominieren seit Generationen omnipräsente Frauen, Männer waren entweder gefallen, vermisst oder standen »unter dem Pantoffel« der Mutter oder Ehefrau. Sein Motto ist: »Nur allein bin ich der

Beste, helfen lasse ich mir von niemandem!« Dabei hatte er rückblickend vor allem seinen Großvater als guten Helfer in Erinnerung: Bei ihm hatte er schon im Alter von fünf Jahren in der Werkstatt mithelfen dürfen. Er habe eigenständig Arbeiten erstellen dürfen, sei sich aber stets der möglichen Hilfe durch den Großvater sicher gewesen. Sein Vater war als Handelsvertreter meist nicht zu Hause, und als der Großvater starb, blieb dem Kind nichts anderes übrig, als es allein zu versuchen. Schon mit 14 Jahren gründet er seine erste Firma, mit 20 arbeitet er fast rund um die Uhr an seinem, nun schon in Fachkreisen bekannten, Unternehmen. Stets misst er sich mit weitaus Älteren statt mit Gleichaltrigen, hat aber nie einen Chef und damit keinen »väterlichen Berater«, den er fragen kann oder der ihm Unterstützung anbietet.

Im Laufe der Behandlung entschließt sich Herr I., seine Firma an ein größeres Unternehmen zu verkaufen, und wird dort Abteilungsleiter. In seiner neuen Funktion ist er nicht mehr finanziell verantwortlich und fühlt sich, auch durch die Unterstützung, die er immer wieder von seinem neuen Chef erfährt, sehr entlastet. Dennoch lässt er sich eines Tages, nachdem er etwa sechs Monate in seiner neuen Funktion tätig war, vom Chef-Controller der Firma eine finanzielle Verantwortung und Aufgabe aufbürden, für die er in keinster Weise mehr zuständig ist. Aus alter Gewohnheit, alles allein zu stemmen, niemanden zu fragen oder gar um Rat zu bitten, übernimmt er die Aufgabe. Tagelang genehmigt er sich nur drei Stunden Schlaf pro Nacht, um alles zu schaffen. Erst nachdem er mit hohem Fieber körperlich zusammenbricht und seine Frau aus Wut nicht mehr mit ihm spricht, weil er emotional »überhaupt nicht mehr da!« ist und sich wie losgelöst von seiner Familie gefühlt hat, spürt er in einem therapeutischen Krisengespräch, dass er sich – wieder einmal – überfordert hat. Er ruft umgehend den Firmenchef an. Dieser weist den Controller zurecht. Gestärkt lehnt er nun die zusätzliche Aufgabe ab und widmet sich wieder seinem zentralen Aufgabenbereich. Herr I. hat es geschafft, und für ihn ist das ein fast unendlich großer Schritt, den er sich jahre-, fast jahrzehntelang versagt hat, die

Hilfe eines Erfahrenen anzunehmen – der ja im Fall des Firmenchefs eigentlich genau für solche Klärungen da ist. Und das hat ihn lediglich einen Anruf gekostet. Diese Art von »väterlicher« Unterstützung hatte es in seinem Leben kaum gegeben. Er wusste daher kaum, wann er darauf zurückgreifen sollte. Aus seiner erlernten Rolle als »Alles-allein-Macher« konnte er nun herauskommen und sich dadurch enorm entlasten.

An dieser Situation kann man gut sehen, dass es manchmal mehrerer Anläufe bedarf, um eine Einstellungsänderung vornehmen zu können. Nach einer längeren Auseinandersetzung mit einem persönlichen Thema werden gerade vermeintliche »Rückschläge« oft sehr gut verarbeitet. Mit nur wenig Unterstützung verstehen Patienten sich dann noch besser und können mehr und mehr für sich selbst sorgen.

KURZPAUSE RIECHEN:
Olfaktorische Wahrnehmung

- Tragen Sie ein für eine Ruhepause reserviertes Parfüm, Eau de Toilette o. Ä. auf.
- Verändern Sie für ein paar Minuten den Raumduft, durch eine Duftkerze, ein Duftöl oder Ähnliches.

Ähnlich wie bei der Tastempfindung (s. Seite 80) ist das Riechen eine Sinneswahrnehmung, die wir als Erwachsener in unserem Arbeitsalltag nur selten bewusst nutzen.

Informationsmanagement oder »Wie beantworte ich 100 E-Mails am Tag?«

Beispiel

Tanja Bischoff leitet ihr Telefon nun häufiger an das Sekretariat um. Ihre Sekretärin hat sie zudem beauftragt, möglichst vielen Anrufern zu sagen, dass Anfragen per E-Mail geschrieben werden sollen. Dadurch müssen sich die Fragesteller, mehr als beim ›spontanen‹ Telefongespräch, vorher Gedanken machen und ihre Anliegen präziser formulieren, und sie kann die Anfrage lesen, wann sie will. Seitdem kommt sie, zumindest immer mal wieder für eine Viertelstunde am Stück, in Ruhe zu Dingen, die bislang meist liegengeblieben sind.

Nicht Qual, sondern Wahl!

In vielen Situationen sind moderne Kommunikationshilfen eine große Erleichterung. Erreichbar zu sein und andere erreichen zu können vereinfacht viele Arbeitsprozesse: Fragen an einen Kollegen können beispielsweise einfacher gestellt und zeitnaher beantwortet werden. Das Problem liegt weniger in den Möglichkeiten, die uns zur Verfügung stehen. Vielmehr liegt es darin, dass es immer mehr darauf ankommt, *selbst* zu entscheiden, wann eine Kommunikationsform nützlich, wann sie überflüssig oder gar schädlich ist. Bis zu welchem Maße die Erreichbarkeit gut ist – und wann es wichtig ist, unerreichbar zu sein.

Denn ein nicht geringer Teil der Probleme, die moderne Kommunikationsmittel verursachen, ist hausgemacht. Über zwei Drittel aller E-Mails werden binnen Sekunden geöffnet – und unterbrechen so den Arbeitsfluss –, obwohl das sofortige Öffnen meist gar nicht nötig wäre.

Andererseits gibt es, anders als noch vor einer Generation, kaum mehr allgemeingültige »Nicht-Erreichbarkeits-Zonen«, selbst das Handy-Tabu im Flugzeug wird bald Geschichte sein. Doch wie finde ich das richtige Maß, die richtige Art zu kommunizieren? Wir können uns nicht mehr einfach einem – technisch bedingten – Konsens anschließen (»Im Urlaub bin ich nicht erreichbar, weil es dort höchstens ein Telefon an der Rezeption gibt und ich eh' den ganzen Tag beim Wandern bin«). Stattdessen muss jeder Einzelne Grenzen definieren (»Ich möchte zweimal im Jahr für zwei Wochen nicht erreichbar sein«). Das kostet deutlich mehr Willensstärke und Kraft.

Wunsch und Wirklichkeit

Jeder dritte Erwerbstätige wünscht sich nach einer Umfrage des Branchenverbands Bitkom E-Mail-freie Tage im Job, über die Hälfte wünscht sich vom Arbeitgeber mehr Orientierungshilfen, zum Beispiel Regeln, welche Vorgänge per Mail und welche per Telefon oder im persönlichen Gespräch erledigt werden sollen, wie und wann ein Dienst-Handy benutzt werden soll.

Die meisten Berufstätigen können nicht einfach sagen: »Nein, ich nutze mein Handy nicht!« Sie würden sich damit auch vieler Vorteile mobiler Kommunikationsmittel berauben. Ziel sollte stattdessen sein, Geräte zu unserem Nutzen und nicht zu unserem Schaden einzusetzen. Zu wählen, *wann* wir *wie* kommunizieren *wollen* und *können*. Und dies dann in einem zweiten Schritt auch den Menschen zu kommunizieren, die informiert sein müssen, damit es auch so umgesetzt werden kann.

Angeborene Reiz-Schutz-Mechanismen dürfen nicht ignoriert werden

Schon Neugeborene, die noch kaum Bewegungsabläufe eigenständig absolvieren können, haben Möglichkeiten, sich aus Kommunikation herauszunehmen. Sie schließen ihre Augen oder blicken in eine andere Richtung, sie wenden den Kopf zur Seite oder Nuckeln am Daumen, um damit mehr auf Eigenreize als auf Außenreize zu reagieren und sich dadurch zurückzuziehen. Schon für kleinste Babys, die sich noch nicht allein fortbewegen, anfangs nicht einmal den Kopf selbst wenden können, stellt die Natur auf diese Weise Mechanismen zur Verfügung, die Kommunikation begrenzbar machen. Es scheint also für uns Menschen geradezu lebenswichtig zu sein, sich selbstgesteuert »ausklinken« zu können. Aus den Erkenntnissen der modernen Säuglingsforschung weiß man, dass es außerordentlich wichtig ist, dass Bezugspersonen dieses Abwenden respektieren und dem Säugling so natürliche Regenerationspausen ermöglichen. Wird dieses Bedürfnis nach Rückzug von Bezugspersonen über längere Zeit ignoriert, so kann dies zu Unruhezuständen, Schlafstörungen, Ess- oder Trinkstörungen und längerfristig zu einer Fehlkonditionierung von Ruhe- und Aktivitätsbedarf führen.

Bei älteren Kindern nennen wir es »Medienkompetenz« – den gesunden Umgang mit Fernsehkonsum und Computernutzung. Bei Grundschülern korreliert ein eigener Fernseher im Kinderzimmer nachweislich mit dem Notendurchschnitt: Je mehr Fernsehkonsum, umso schlechter die Noten. Aber auch Erwachsene sind von immer mehr multimedialer Information zunehmend begeistert – und belastet. Die New York Times, der SPIEGEL und andere Medien machen die Frage »Macht das Internet DOOF?« zu Titelstorys.

Wie können wir uns gegen die Informationsflut wehren? Oder, besser, wie können wir Informationen so kanalisieren, dass wir möglichst viel Nutzen daraus ziehen und möglichst wenig Schaden dadurch erleiden?

Nutzen Sie Ihre Möglichkeiten, Informationen zu kanalisieren

Wer kann, und wir können meist mehr, als wir uns im ersten Moment vorstellen können, sollte so oft wie möglich auf Maßnahmen zurückgreifen, um Informationsflüsse zu steuern. Auch, zum Beispiel, durch den »Einbau« menschlicher Filter. Nutzen Sie Ihre Sekretärin, Ihren Anrufbeantworter und Ihren Abweis-Knopf. Überlegen Sie, wer und was Ihnen Informationen abnehmen oder für Sie bündeln kann. Für kleinere Unternehmen, die sich kein ständig besetztes Sekretariat leisten können, gibt es Call-Center, die zum Beispiel Telefonate annehmen und dem Anrufer vermitteln, der Angerufene sei gerade in einer Sitzung oder in einem anderen Telefonat. Der Auftraggeber zahlt zum Beispiel pro angenommenem Anruf oder pro Stunde und wird dann in der Regel mit einer kurzen E-Mail-Notiz über das Telefonat informiert.

Tipps: Besser kommunizieren

- (Lernende) Spamfilter sind ein Muss, eine Weiterentwicklung und Verbesserung ist Pflicht.
- Experten raten davon ab, akustische oder optische E-Mail-Benachrichtigungs-Signale einzurichten. Wenn das wohlbekannte »Pling!« ertönt oder am Bildschirm ein Signal erscheint, will man meist sofort wissen, ob gerade etwas Interessantes eingetroffen ist. Besser ist es, E-Mails zu festgelegten Zeit-

punkten, zum Beispiel morgens, mittags und abends, abzurufen und zu beantworten. In der Zwischenzeit sollte das Mailprogramm am besten geschlossen bleiben.

- Sinnvoll ist es, verschiedene Geräte für die berufliche und private Kommunikation zu benutzen. Wer für den Vorgesetzten nicht mehr erreichbar sein möchte, will oft trotzdem noch von der Familie und von Freunden angerufen werden können. Das Gleiche gilt für E-Mail-Adressen. Verschiedene Adressen für dienstliche und private Belange sollten so wenig wie möglich vermischt werden.
- Mobiltelefone und Smartphones, die beruflich genutzt werden, sollten grundsätzlich nach Feierabend, am Wochenende und im Urlaub ausgeschaltet bleiben. Eine zwei- bis dreiwöchige echte Auszeit ist immer noch das Beste, was man aus seinem Urlaub machen kann, um Energien wieder aufzuladen und zu spüren, dass es noch ein Leben außerhalb der Arbeit gibt. Allerdings ist es, vor allem für Selbstständige, Verantwortungsträger und Führungskräfte, in manchen Situationen wichtig, erreichbar zu sein. Denn manches Problem ist »online« in Kürze zu regeln und eine Verschiebung würde, wenn Sie erst zwei Wochen später Ihren Rat dazu erteilen, lange »Aufräumarbeiten« nach sich ziehen. Daher sollten Sie eine sorgfältige Kosten-Nutzen-Analyse machen – rechtzeitig vor dem Urlaub. Sorgen Sic langfristig dafür, dass Sie, zumindest für eine Zeit lang, ersetzbar sind und bleiben: Arbeiten Sie Kollegen in Ihre Aufgabenbereiche ein, vereinbaren Sie konkrete Urlaubs-Notfall-Pläne. Legen Sie fest, wann und wie oft Sie im Urlaub erreichbar sein werden, und hinterlassen Sie dafür für alle Beteiligten (also nicht nur für Ihren Assistenten, sondern auch für Ihre Kollegen und Chefs) klare Anweisungen (also zum Beispiel: »Montag, Mittwoch und Freitag zwischen 12.00 und 12.30«). Nutzen Sie im Kontakt mit dem Büro SMS, Anrufbeantworter und Ruferkennung. Oder rufen Sie in bestimmten Abständen von sich aus an. Je mehr Sie selbst bestimmen und steuern können, wann und ob Sie erreichbar sind, umso entspannter kann Ihr Urlaub verlaufen. Und ver-

gessen Sie nicht: Zu den Beteiligten gehören auch Ihre Angehörigen und Freunde, mit denen Sie den Urlaub verbringen. Teilen Sie in jedem Fall rechtzeitig mit, warum es für Sie wichtig ist, zeitweilig erreichbar zu sein. Gehen Sie, wenn irgend möglich, auf Vorschläge Ihres Partners, Ihrer Mitreisenden ein und lassen Sie Kompromisse zu. Damit Sie im nächsten Jahr nicht allein am Strand sitzen…

- Um im Urlaub richtig abschalten zu können, sollten Sie sich, wie fürs Kofferpacken, genügend Zeit nehmen, um Ihren Schreibtisch aufzuräumen. Beim Abschluss der Vorgänge können folgende Fragen hilfreich sein: Was ist nach dem Urlaub im Projekt X als Nächstes zu tun? Wann genau? Von wem? Gibt es wichtige Stichpunkte zum Projektstand? Sammeln Sie alle Vorgänge, die nach dem Urlaub auf Sie zukommen. Sollten Sie während des Urlaubs bemerken, dass Sie etwas vergessen haben, nehmen Sie sich Ihr Notizbuch vor, notieren Sie den Punkt und legen Sie das Buch dann wieder weg.
- Wichtig ist es, sich grundsätzlich bewusst zu machen, dass man längst nicht auf jede Kommunikationsanforderung anspringen muss. Auf eine Mailbox-Nachricht oder auf den Erhalt einer SMS braucht man in der Regel nicht umgehend zu reagieren. So häufig wie möglich sollten Sie daher hinterfragen, ob alles, was vom Absender mit höchster Prioritätsstufe an Sie herangetragen wird, auch wirklich so wichtig ist.
- Gönnen Sie sich täglich eine »Goldene Stunde«: eine Stunde, in der sämtliche Störungen ausgeschaltet sind. Kein Telefon, keine E-Mail, die Bürotür bleibt geschlossen.

Für besonders fanatische E-Mailer hat Google eine neue Spielerei entwickelt. »E-Mail-addict« (also E-Mail-süchtig[er]) nennt sich das Programm. Wenn man die Taste »Pause« drückt, sehen Sie in den folgenden fünfzehn Minuten nur einen grauen Bildschirm mit der Aufschrift »Pause!« Geh spazieren, kümmere dich mal um richtige Arbeit oder hol dir einen Snack. In 14 Minuten sind wir wieder da.«

So wäre es mir am liebsten!

Ein besonders wichtiger Punkt bei der Selbstbestimmung ist aus meiner Sicht die Auswahl und Priorisierung der Kommunikationsmedien. Denn wenn Sie wissen, *welches* Medium *für Sie* am passendsten ist, können Sie mehr mitbestimmen, wie mit Ihnen kommuniziert wird. Für die Auswahl des für Sie passenden Kommunikationstools kann es hilfreich sein, zunächst eine Liste der Vor- und Nachteile der einzelnen Tools (s. u.) zusammenzustellen und diese anschließend nach Ihrer persönlichen Nutzbarkeit zu bewerten. Sie finden so Ihren oder Ihre persönlichen Favoriten, die die höchste Wertungszahl in der letzten Spalte der Tabelle erreichen. Wägen Sie nun ernsthaft ab, welche Kommunikationstools Sie anhand Ihrer Arbeitsweise und Ihrer beruflichen Anforderungen an die erste Stelle stellen können. Wenn Sie zum Beispiel E-Mails wegen ihrer Vorteile (jederzeit abrufbar; stört nicht wie ein Telefonanruf; der Empfänger wird ebenfalls nicht gestört; niedrige Kosten) bevorzugen, so überlegen Sie, ob und wie Sie diese Kommunikationsform stärker in Ihrem Alltag nutzen können.

Tool	Vorteile (z. B. Kosten, Erreichbarkeit, Steuerbarkeit …)	Nachteile (z. B. Kosten, Erreichbarkeit, Steuerbarkeit …)	Persönliche Wertung (für mich ungeeignet = 1 bis 10 = für mich bestens geeignet)
Telefon			
Mobil-Telefon			
SMS			
Skype			
E-Mail			
Fax			
Brief			

KURZPAUSE ENTSPANNUNGSTRAINING*

Machen Sie ein Entspannungstraining, etwa 5–10 Minuten lang. Suchen Sie sich dafür nach Möglichkeit einen störungsarmen Raum, zum Beispiel ein ungenutztes Besprechungszimmer, eine ruhige Ecke in der Kantine. Oder gehen Sie nach draußen oder setzen Sie sich in Ihr Auto.

Beherrschen Sie ein Entspannungstraining? Entspannungsmethoden, wie autogenes Training oder progressive Muskelentspannung, sind die »Werkzeuge« der Kurzpausen. Wenn wir ein Entspannungsverfahren erlernen, können wir es bildlich gesehen »in die Tasche« packen und haben so immer »ein Köfferchen« Entspannung zum Auspacken mit dabei. Wenn wir es brauchen, nehmen wir das Werkzeug aus der Tasche und benutzen es, um Stress abzubauen.

---

* (mehr zu Kurzpausen auf Seite 58 ff.)

Ziele hinterfragen, Erfolgskriterien klären

Beispiel Tanja Bischoff hat sich erkundigt. Nach den genauen Zahlen, wie sich ihre Arbeit auf Umsatz und Gewinn des Unternehmens auswirkt. Sie weiß jetzt, dass sie schon jetzt, im zweiten Jahr ihrer Anstellung, so viel Umsatz generiert, dass ihr Arbeitsplatz dadurch sehr gut finanziert ist. Bei den nächsten Gehaltsverhandlungen wird sie das in die Waagschale werfen. Außerdem sieht sie so, dass sie gute bis überdurchschnittliche Leistungen erbringt, und freut sich darüber.

Ist eigentlich klar, wohin es gehen soll?

Eine Patientin, die einige Jahre in Japan gearbeitet hatte, berichtete mir fasziniert von der dortigen Arbeitswelt: In Japan würden Entscheidungen oft später getroffen, länger durchdacht und später mitgeteilt als hierzulande. Aber, wenn eine Entscheidung getroffen sei, so sei diese unumstößlich, solange sich an den Rahmenbedingungen nichts ändere. Anders in Deutschland. Hier würden aus firmenpolitischen Gründen Entscheidungen häufig auch ohne jegliche Änderung der Entscheidungsgrundlagen gekippt – mit der Folge, dass unter Umständen wochen- oder monatelange Arbeit einer ganzen Abteilung »für die Katz« sei. So habe sie sich hier, anders als im japanischen Umfeld, angewöhnt, zunächst mit reduziertem Elan an eine Aufgabe heranzugehen und möglichst lange Dinge im Vagen, Unfertigen zu lassen. In Japan hingegen habe sie sich sofort mit Feuereifer auf eine neue Aufgabe gestürzt, wenn eine Entscheidung kommuniziert worden sei, wissend, dass ihre Arbeit dann selten umsonst gemacht war.

Was kann die Dame tun, um der gefühlten Frustration an ihrem deutschen Arbeitsplatz zu entkommen? Was können wir tun, um Ziele besser und zufriedenstellender abzustimmen, um seltener enttäuscht zu werden und weniger umsonst zu arbeiten?

Natürlich ist es von der Größe Ihres Unternehmens und von Ihrer Position abhängig, wie schnell und ungefiltert Sie an relevante Informationen herankommen. Dennoch ist es sinnvoll, Zwischenziele regelmäßig (und auch nach den eigenen Bedürfnissen!) von sich aus zu hinterfragen, um regelmäßiges Feedback zu bitten und dies schriftlich zu fixieren, wenn sinnvoll und nötig. Vonseiten Ihres Vorgesetzten kann es ja sein, dass ein Informationsmangel nicht beabsichtigt und Ihr Chef froh ist, dass Sie sich erkundigen und auch den Stand Ihrer Arbeit mitteilen. Sprechen Sie daher mehr über sich, fragen Sie öfter nach, wohin es gehen soll und ob Sie auf der richtigen Fährte sind.

Eigene Zielvorstellungen: Die »Über-Norm-Erfüllung«

Doch nicht nur Vorgaben des Unternehmens oder des direkten Vorgesetzten können ein Problem sein. Bei vielen meiner Klienten sind die eigenen Erfolgskriterien und Maßstäbe an die eigene Arbeit noch höher als die Vorgaben der Firma oder der Chefin.

Die 80-%-Regel

Eine Seminarteilnehmerin erzählte mir bei der Frage: »Was schützt Sie vor Burnout?«, dass sie sich seit einiger Zeit bemühe, Dinge nur noch 80-prozentig zu machen. Sie hatte bislang ein Schriftstück für den internen Gebrauch nur herausgegeben, wenn es zu hundert Prozent fehlerfrei war. Ansonsten hatte sie noch einmal den Rechner neu gestartet, das Programm aufgerufen, die Fehler korrigiert und alles erneut ausgedruckt. Nun setzte sie, für diesen Bereich ihrer Arbeit, also die interne schriftliche Kommunikation, die »erlaubte persönliche Fehlerquote« höher: Bei 1–2 Fehlern wurde ein Schriftstück nicht erneut verbessert.

Ich möchte Sie nun einladen, sich eine Liste von Tätigkeiten zusammenzustellen, bei denen Sie sich Fehler erlauben können, um dadurch Ihren Arbeitsaufwand zu reduzieren:

Tätigkeit	Bisheriger Maßstab	Das könnte ich verringern	Neuer Maßstab
1. Internes Schriftstück	0 Fehler	Höhere Fehlerquote zulassen	Bis 2 Fehler
2.			
3.			

Mit ein wenig Übung kann sich so Ihre ehemalige 80-%-Marke in Ihre neue 100-%-Marke wandeln und Sie können mit weniger Aufwand und weniger persönlicher Verausgabung ähnlich zufriedenstellend arbeiten.

Bei der Zielbestimmung ist es vor allem wichtig, dass Sie immer wieder, also in vielen Zwischenetappen, fragen, prüfen, diskutieren. Bei einem Aufstieg auf den Mont Blanc werden auch geübte Bergsteiger immer wieder rasten, um die Wetterbedingungen zu überprüfen und die Route und Geschwindigkeit anzupassen. Ergreifen Sie selbst die Initiative und fragen Sie nach den aktuell gültigen Erfolgskriterien – anstatt zu warten, um dann zu erfahren, dass schon wieder alles anders ist als geplant, und nur Sie nichts davon wussten und den alten Plan weiter ›durchgezogen‹ haben. Bleiben Sie im Gespräch mit Kollegen, Mitarbeitern und Vorgesetzten.

KURZPAUSE SCHMECKEN:
Gustatorische Wahrnehmung*

- Die Rosinenübung: Achtsamkeitsübung mit Rosinen (Alternativen: anderes Obst oder Trockenobst, Nüsse). Nehmen Sie sich für diese Übung etwa drei Minuten Zeit. Beginnen Sie damit, eine Rosine auf einen Teller oder, mangels Teller, in Ihre Hand zu legen. Betrachten Sie sie: Wie ist ihre Farbe? Sieht sie von allen Seiten gleich aus oder unterschiedlich? Riechen Sie an ihr: Riecht sie wenig, stark? Riecht sie süß, an was erinnert Sie der Geruch? Fühlen Sie mit Ihren Fingerspitzen: Wie fühlt sie sich an? Wie liegt sie in der Hand? Führen Sie sie dann zum Mund. Nehmen Sie sie mit den Lippen oder mit der Zunge auf oder mit beidem? Lassen Sie sie kurz dort liegen, spüren Sie nun in Ihrem Mund die subjektiv veränderte Form und Konsistenz der Rosine, bevor Sie anfangen zu kauen. Mit welchen Zähnen und auf welcher Seite kauen Sie? Welche Bereiche auf Ihrer Zunge, in Ihrer Nase nehmen den Geschmack, die Süße, das Aroma wahr? Warten Sie auch einen kleinen Moment, bevor Sie sie hinunterschlucken. Spüren Sie dann in Ihrem Mund und Ihrer Nase nach. Wie lange schmecken und riechen Sie noch das Aroma? Wann ist es ganz verschwunden? Lassen Sie sich zu einem kleinen, wenige Minuten dauernden sinnlichen Erlebnis verführen…
- Holen Sie sich ein halbes Glas voll Wasser. Trinken Sie es in kleinen Schlucken und schließen Sie dabei die Augen. Lassen Sie jeden Schluck Wasser langsam und genüsslich Ihre Kehle herunterrinnen.

Schmecken ist für das Überleben des Menschen ein äußerst wichtiger Vorgang. Durch die Unterscheidung von süß, salzig, bitter und sauer, die direkt auf der Oberfläche der Zunge stattfindet, können Menschen sehr schnell entscheiden, welche Lebensmittel für sie verträg-

* (mehr zu Kurzpausen auf Seite 58 ff.)

lich sind und welche nicht. Allerdings nutzen wir unser Geschmacksempfinden im Alltag selten bewusst. Gerade in Berufen, die ständige Präsenz und Aufmerksamkeit verlangen, wird »schnell mal zwischendurch« etwas gegessen, Zeit für Nahrungsaufnahme mit allen Sinnen bleibt selten. Mit der bewussten Wahrnehmung aller Sinneseindrücke beim Essen einer Rosine oder beim Trinken von Wasser stellen wir das differenzierte Empfinden für ein paar Minuten in den Mittelpunkt unserer Aufmerksamkeit. Wir schulen dadurch unsere Achtsamkeit, unsere innere Wahrnehmung und damit den rücksichtsvolleren Umgang mit uns selbst.

Delegieren

Dinge, die wir nicht können oder machen wollen, nicht selber machen *müssen* – das hört sich an wie ein Wunschtraum. Dennoch oder gerade deswegen (wagen es Burnout-gefährdete Menschen möglicherweise nicht so oft zu träumen?) ist Delegieren für Menschen, die vom Ausbrennen bedroht sind, nicht leicht. »Ich schaff das schon!« »A bisserl was geht immer« oder »Wenn ich das jetzt jemand anderem erklären muss, hab ich's allein schon halb fertig …« sind häufige Gründe, warum Menschen, die zum Ausbrennen neigen, so selten delegieren. Zudem wissen sie oft nicht mehr, *was* sie eigentlich delegieren *könnten*, so lange haben sie es nicht probiert.

Das Ideal eines Managers ist der Mann, der genau weiß, was er nicht kann, und der sich dafür die richtigen Leute sucht.

Philip Rosenthal

Um Tätigkeiten, die Sie nicht unbedingt selbst machen müssen, delegieren zu können, ist es daher zunächst wichtig zu wissen, *was* dies sein könnte. Gehen Sie dafür systematisch durch, für welche Aufgaben Sie in Ihrem Leben, erst mal »rein theoretisch«, Hilfe annehmen könnten, am besten mit einem Freund oder mit Ihrem Partner. Machen Sie sich eine (detaillierte!) Liste mit mindestens fünf Punkten, bei denen Sie eine komplette Tätigkeit oder Teile dieser Tätigkeit delegieren könnten. Je genauer Sie die Liste verfassen, umso exakter können Sie einzelne Punkte herausfiltern. Denn möglicherweise wird es Ihnen ganz heiß und kalt bei dem Gedanken, einen *kompletten* Aufgabenbereich nicht mehr selbst zu verantworten. Beispiele für delegierbare Tätigkeiten sind:

- Anrufe entgegennehmen
- Reisekosten abrechnen
- Meetings einberufen
- …

Machen Sie sich nun eine zweite Liste mit möglichen Hilfspersonen oder nicht menschlichen Hilfen. Beispiele dafür sind:

- Sekretärin
- Kollegen

- Betriebsarzt
- Betriebs-Sozialarbeiter
- Vorgesetzte
- Computerprogramme
- Anrufbeantworter
- …

Sie können an diese Aufstellung auch gleich eine »Preisliste« anhängen, auf der Sie notieren, wie viel Sie eine Stunde Hilfe oder eine Hilfe für eine bestimmte Tätigkeit vermutlich kosten wird (das kann ein Geldpreis sein, aber auch eine Dienstleistung, die Sie zurückgeben können, oder auch nur »ein Anruf bei …«).

Was kann ich delegieren?	Wer oder was könnte es tun?	Was kostet das?

Eine Liste dieser Möglichkeiten zu erstellen ist vor allem deshalb sinnvoll, weil Burnout-Betroffene und Menschen, die zum Burnout neigen, sich sehr schwertun, Hilfe anzunehmen und daher nicht auf selbstverständliche »innere« Delegierlisten (»Ich weiß ja, Kollege B. könnte mir in diesem Aufgabenbereich etwas abnehmen, wenn ich ihn darum bitte. Er kennt sich da bestens aus«, »Mein Chef steht sicher hinter mir, wenn ich ihm sage, dass das Projekt X noch unterstützt werden muss«) zurückgreifen können. Auf Ihrer Liste können Sie nun, wenn Ihr Stress größer wird, nachschauen, womit Sie sich das Leben erleichtern könnten.

Wichtig beim Thema »Hilfe annehmen« ist auch: Fangen Sie klein an! Hilfe annehmen ist für viele Burnout-gefährdete Menschen ein Zeichen der »Schwäche«, ein Eingeständnis der »Unfähigkeit«. Meist aus Kindheitserfahrungen heraus, sind diese Menschen darauf »getrimmt«, alles allein zu tun: Jede andere Vorgehensweise wäre ein »Versagen«. Das eigene Selbstbewusstsein, die eigenen Verhaltensmuster bis hin zur gesamten Lebenssituation (also zum Beispiel ein helfender Beruf oder die Stellung in der Familie als »Mädchen für alles«, die nichts »umhaut«) fußt zu einem großen Teil darauf, dass sie alles – oder zumindest fast alles – selbst und allein bewältigen. Daher will Hilfe annehmen gelernt sein. Beginnen Sie behutsam, indem Sie zunächst ein Element auf Ihrer Liste testen, das Ihnen relativ einfach erscheint. Also zum Beipiel den Anrufbeantworter eine Stunde am Tag einzuschalten, etwa am Anfang oder gegen Ende eines Arbeitstages, um eingehende Anrufe nicht selbst und sofort annehmen und erledigen zu müssen. Erst dann nehmen Sie sich einen schwierigeren Punkt auf Ihrer Liste vor. Damit Sie Stück für Stück ein neues Selbstbewusstsein aufbauen können, in dem Ihre vermeintlichen »Schwächen« erlaubt sind, in dem Sie einen neuen, liebevollen Umgang damit finden können und nicht mehr alles allein machen müssen. Mehr zum Thema finden Sie auch ab Seite 112, unter dem Punkt »Hilfe annehmen ist gesund!«

KURZPAUSE ATMEN*

Setzen Sie sich entspannt auf Ihren Stuhl. Lockern Sie Ihre Schultern, indem Sie Arme und Kopf ein wenig baumeln lassen. Atmen Sie nun sehr LANGSAM durch Ihre Nase ein. Füllen Sie Stück für Stück Ihre Lunge. Die Lunge füllt Ihren gesamten Oberkörper aus, die obersten Lungenflügel sind direkt unter Ihren Schlüsselbeinen, die untersten bei tiefer Einatmung bis oberhalb Ihres Gesäßes. Atmen Sie tief ein, indem Sie Ihren Bauch nach außen ziehen. Füllen Sie dann den rückwärtigen Bereich Ihrer Lunge, anschließend die obersten Spitzen und schließlich noch den Bereich am unteren Rückenende, fast schon am Steißbein. Halten Sie nun vier Sekunden lang die Luft an. Atmen Sie anschließend durch die Nase wieder tief aus. Achten Sie darauf, dass Sie so langsam ein- und ausatmen, dass der Luftstrom nicht zu hören ist.

In der Regel nutzen wir bei normaler Atmung nur einen kleinen Teil, etwa 15 %, unserer Lungenkapazität, also dem Lungenvolumen, das wir maximal ein- und ausatmen können. Zudem atmen wir nicht selten schneller als notwendig. Durch die konzentrierte, langsame und vollständigere Atmung gewinnen Sie Ruhe und ein entspanntes Gefühl.

---

* (mehr zu Kurzpausen auf Seite 58 ff.)

Soziale Unterstützung fördern

Soziale Unterstützung, also gegenseitige Hilfe in schwierigen Situationen, spielt eine wichtige Rolle in der Prävention von Burnout. In einem Umfeld, in dem sich Arbeitnehmer auf ihre Arbeitgeber verlassen können, in dem sich Kollegen gegenseitig helfen, in dem sich keiner lang allein gelassen fühlt, brennen weniger Menschen aus. Bei sozialer Unterstützung im beruflichen Umfeld denkt man oft in erster Linie an Dinge wie: eine hohe Zahl an Urlaubstagen, Betriebskindergärten oder günstigen Wohnraum für Beschäftigte. Dies sind natürlich sehr interessante Angebote vonseiten des Arbeitgebers, aber sie sind zum einen kostenintensiv und zum anderen nur wenig von Mitarbeitern beeinflussbar – zumindest kurzfristig. Und wenn die Kräfte schwinden, hat man in der Regel weder die Energie noch die Geduld und Kraft, um zum Beispiel jahrelang um die Betreuung des Nachwuchses in der eigenen Firma zu ringen. Daher möchte ich Ihnen Möglichkeiten vorstellen, die Sie als Arbeitnehmer selbst initiieren und nutzen können und die relativ einfach und mit wenig Aufwand umzusetzen und oft nicht weniger wirkungsvoll sind.

Soziale Unterstützung ist gefragt

Für qualifizierte Arbeitnehmer wird es immer üblicher, in manchen Branchen ist es beinahe schon gang und gäbe, bereits im Einstellungsgespräch nach Möglichkeiten für das Einhalten einer gesunden Work-Life-Balance zu fragen. Für viele Absolventen und Bewerber sei dies mittlerweile einer der entscheidenden Gründe für die Wahl eines Arbeitgebers, berichtete mir zum Beispiel eine Partnerin eines großen Wirtschaftsprüfungsunternehmens. Sie höre diese Frage in nahezu jedem Vorstellungsgespräch. Das Thema Work-Life-Balance und Job-Stress-Prävention spielt so für viele Berufstätige heute nicht erst eine Rolle, wenn nichts mehr geht, sondern schon weit davor.

Welche Möglichkeiten sozialer Unterstützung gibt es? Hierzu möchte ich Sie zu einer Übung einladen, die Sie allein oder, noch besser, mit Kollegen aus Ihrem Team oder Ihrer Abteilung machen können:

Übung

Nehmen Sie sich, am besten mit zwei oder drei Kollegen, circa 20 Minuten Zeit, um für Ihr Team oder Ihre Abteilung Möglichkeiten sozialer Unterstützung zu erarbeiten. Entscheidend dabei ist: Die erarbeiteten Vorschläge werden nach *Aufwand* sortiert. Schreiben Sie pro Zettel eine Möglichkeit von sozialer Unterstützung auf, die Ihnen einfällt. Denken Sie vor allem an die Dinge, die wenig aufwendig sind, wie beispielsweise eine freundliche Begrüßung bei Arbeitsbeginn. Heften Sie anschließend die erarbeiteten Vorschläge an eine Pinnwand – so können Sie noch beim Aufhängen rege diskutieren, was Ihrer Ansicht nach mehr und was weniger Umstände bereitet. Denn was wie viel Aufwand bereitet, ist natürlich vom Temperament und der Arbeitsweise eines jeden Einzelnen und auch von der Arbeits- und Umgangsweise in einem Team oder in einer Abteilung abhängig. Achten Sie darauf, dass Sie nicht danach sortieren, was Sie besonders gut finden, sondern nach dem, was vermutlich in Ihrem Team oder in Ihrer Abteilung am leichtesten oder schwierigsten umzusetzen ist. Das Sortieren nach Aufwand kann Ihnen dabei helfen, auch Vorgesetzte oder Kollegen mit ins Boot zu bringen, die meinen, alles, was Zeit, Geld oder Raum kostet, könne man ohnehin nicht verändern.

In der Abbildung auf Seite 111 finden Sie Beispiele für Möglichkeiten sozialer Unterstützung im Unternehmen aus meinen Seminaren. Sie können damit Ihre Liste ergänzen oder einzelne Punkte auswählen, die besonders gut in Ihr Arbeitsumfeld passen.

Ein weiteres Beispiel für die gelungene Umsetzung von Maßnahmen sozialer Unterstützung ist ein funktionierendes Mentoring-System: In vielen größeren Unternehmen wird neuen Mitarbeitern für die ersten sechs Monate ein fester Mentor zur Seite gestellt. Auch herausragende Fach- und Führungkräfte kommen immer häufiger in den Genuss eines Mentors oder einer Mentorin. Dies ist in der Regel eine erfahrene Mitarbeiterin derselben

- Lächeln
- Freundlich grüßen
- Kollegen mit Namen ansprechen (der eigene [Vor-]Name gehört zu den meistgehörten Wörtern eines jeden Menschen und mit Abstand zu den beliebtesten)
- An Geburtstage denken
- Freundlicher Umgangston
- Ausreden lassen
- Respekt vor anderen, vor der Tätigkeit des anderen
- Kurze gemeinsame Pausen
- Sich gegenseitig helfen
- Gemeinsame Mahlzeiten (das gemeinsame Mittagessen mit Kollegen gehört nach den neuen Studien zum Thema »Lebensglück« nach einer guten Lebenspartnerschaft, guten Kontakten zu Freunden, zu den größten Glücksbringern im Alltag)
- Außerberufliche, regelmäßige Treffen unter Kollegen
- Betriebsausflug, Abteilungsausflug

Berufsgruppe, die für Fragen zur Verfügung steht und regelmäßig persönliche Gespräche mit ihrem Mentee führt. Ein netter »Vorläufer« solcher Mentorenprogramme sind die sogenannten »Beschützerkinder« in Grundschulen: Kinder der dritten Klasse, die sich jeweils um einen Erstklässler kümmern. Die Großen machen die Kleinen mit dem Schulgebäude, verschiedenen Abläufen und anderen Kleinigkeiten vertraut und sorgen auch dafür, dass die Schulanfänger nicht auf dem Pausenhof belästigt werden.

Einmal in der Woche schlagen wir über die Stränge!

Von einer ganz kleinen, feinen Maßnahme sozialer Unterstützung berichtete mir eine Seminarteilnehmerin, Führungskraft mit fünf Mitarbeiterinnen in einem Beruf mit viel Publikumsverkehr. Sie hat eine schöne Tradition – nach Jahren des

Brachliegens – wieder zum Leben erweckt: den »Pausen-Keks«. Einmal pro Woche ist es jetzt wieder Brauch, mitten im Trubel des täglichen Geschäfts, eine Packung Kekse zu öffnen. Die Kollegen freuen sich, mal ein ganz klein wenig die Regel zu verletzen und fünf Minuten, trotz Hochbetriebs, nicht zu arbeiten, ein wenig »über die Stränge« zu schlagen. Danach gehen sie beschwingt wieder an ihre, oft nervenzehrende, Arbeit.

Hilfe annehmen ist gesund!

Gegenseitige soziale Unterstützung bedeutet aber auch, dass man nicht nur Hilfe geben, sondern auch Hilfe annehmen muss. Dies fällt vielen Burnout-gefährdeten Menschen schwer, deutlich schwerer als anderen. Wie wichtig es ist, Hilfe annehmen zu können, will ich an folgendem Beispiel illustrieren (s. auch S. 113 und 114):

Zwei Männer ziehen in vier Wochen um. Der Mann auf der linken Seite, Georg, denkt sich: »Ich weiß ja, Vater kann mir den Umzugswagen organisieren, Thomas, Karl und Egon können mit anpacken, Mutter kann die Stullen schmieren, und meine Freundin sorgt sicher dafür, dass alle bei Laune bleiben.« Der Mann auf der rechten Seite, Andreas, denkt seinerseits: »In vier Wochen schon! Da muss ich ja jetzt schon anfangen, Kisten zu packen, damit ich das an meinen freien Wochenenden schaffe! Und ich muss die Möbel alleine die Treppe hochtragen, na ja, wenn ich sie auseinandernehme, wird es schon gehen. Jede freie Minute werde ich bis dahin brauchen!«

Nun können Sie sich vorstellen, dass bereits zu diesem Zeitpunkt – vier Wochen vor dem Umzug – der Stresspegel und die Anspannung von Georg deutlich niedriger sind als die von Andreas. Und die Anspannung von Andreas wird während der vier Wochen vermutlich auch viel stärker ansteigen als die von

Georg, der weiß, dass er jederzeit um Hilfe bitten kann. So wird es nach vier Wochen, am Umzugstag, wohl am ehesten so sein, dass Georg weniger Hilfe braucht als Andreas, der sich schon während der Wochen zuvor innerlich und äußerlich »aufgearbeitet« hat.

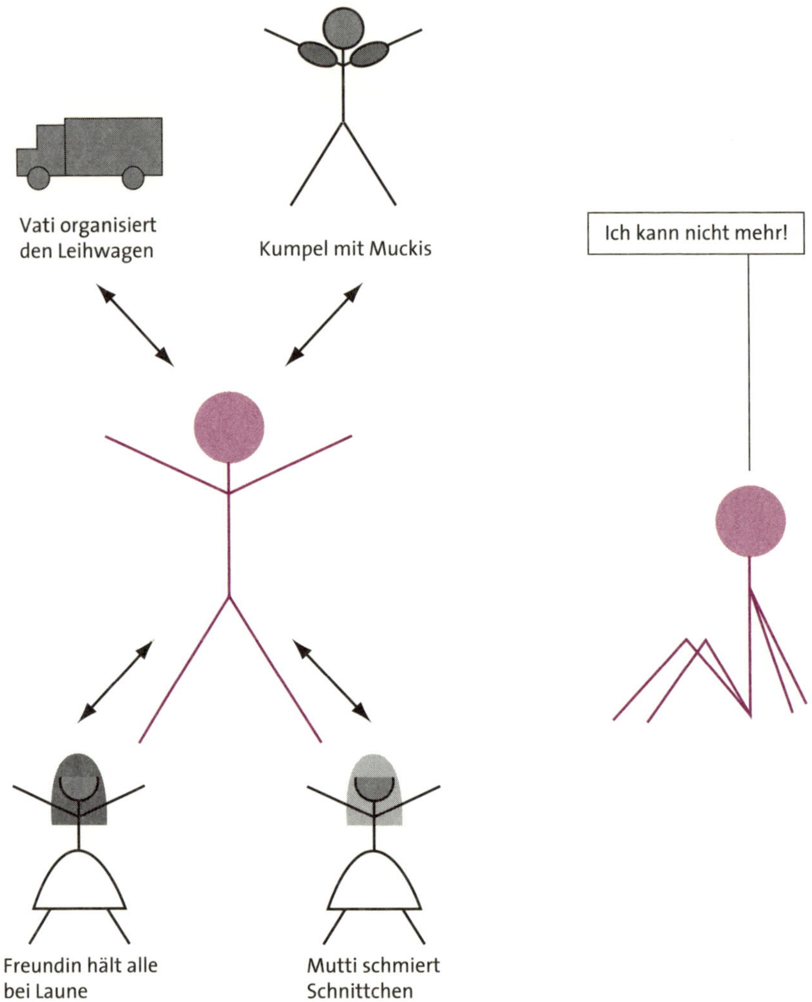

Trainieren Sie Ihre Fähigkeit, Hilfestellungen anzunehmen. Sie können so Ihre Anspannung schon lange vor der eigentlichen Notsituation reduzieren. So erlebt Richard Z., wissenschaftlicher Mitarbeiter an einem Lehrstuhl für Molekularbiologie, lange Zeit seine Bewerbungsgespräche um eine Professoren-Stelle als Martyrium: Er bereitet sich jedes Mal akribisch vor, gestaltet Hunderte von Folien für seine Vorträge, ist vor jedem Bewerbungsturnus so angespannt, dass er wochenlang unter Rückenschmerzen leidet. Wegen hundert Kleinigkeiten, die er immer noch vorher erledigen muss, reist er meist erst kurz vor dem Bewerbungs-Gesprächstermin an, manchmal ist er erst eine Viertelstunde vorher angekommen. Im Gespräch ist er dann jedes Mal so nervös, dass er von jedem kleinsten Detail, auf das er nicht vorbereitet ist, aus dem Konzept gebracht wird. Er hat Schweißausbrüche, fängt an, undeutlich zu reden, und verliert völlig den Kontakt zu den Mitgliedern des Auswahlgremiums. Im Laufe der Behandlung lässt Herr Z. nach und nach immer mehr zu, dass er Hilfen für sich in Anspruch nimmt. Bei einer neuen Bewerbung nimmt er so schon Wochen vorher Kontakt mit den dortigen Entscheidungsträgern auf, fragt aktuelle und ehemalige Kollegen und Studienfreunde um Rat oder nach Insider-Informationen. Er reist am Tag vor dem Termin an und gönnt sich noch einen netten Abend nach seinen Wünschen oder lädt einen der potenziellen neuen Kollegen zum Abendessen ein – und erfährt so nebenbei, was ganz aktuell ›Sache ist‹ am Lehrstuhl. Schließlich bekommt er die von ihm gewünschte Stelle – und das sogar zu seinen Konditionen, was Budget, Arbeitszeit, Mitarbeiter und technische Ausstattung betrifft.

Auch Unternehmen profitieren

Sollten Sie bezüglich Veränderungen sozialer Unterstützung einmal eine Maßnahme in Angriff nehmen wollen, für die sie die Unterstützung Ihres Arbeitgebers benötigen, so gibt es Argumente, um Ihre Chefs zu überzeugen: Denn auch für Firmen lohnt sich die Investition in soziale Unterstützung. Dies ist am besten untersucht im Bereich der Suchterkrankungen, speziell der Alkoholabhängigkeit. Bei Langzeitstudien mit alkoholkranken Mitarbeitern, denen nach abgeschlossener Entziehungsbehandlung die Rückkehr an ihren Arbeitsplatz versichert wird, kann man feststellen, dass sie nach Wiederaufnahme ihres Jobs weniger Krankheitsfehltage haben. Und zwar nicht nur weniger Krankheitstage als vor ihrer Behandlung, sondern, was noch erstaunlicher scheint, weniger als ihre »gesunden« Kollegen. Diese Form sozialer Unterstützung, also die Versicherung, wieder an den alten Arbeitsplatz zurückkehren zu dürfen, setzt nicht nur Heilungskräfte frei, sondern bindet den Mitarbeiter auch stärker an das Unternehmen. Weniger Arbeitsunfähigkeit und damit Ausfälle sind die Folgen, die sich für die Firma rechnen.

Auch ganz innovative, anfangs eher befremdliche Veränderungen können dabei helfen, das Arbeitsklima zu verbessern. Eine davon fußt unter anderem auf der Erkenntnis, dass Psychostress vor allem entsteht, wenn sich eine Person aus einer Gruppe ausgeschlossen fühlt. In Experimenten versuchten sich einzelne Probanden einer bestehenden Gruppe anzuschließen. Die, die nicht aufgenommen wurden oder nicht in's Gespäch einbezogen wurden, reagierten innerhalb von Sekunden mit erhöhten physiologischen Stresssignalen, wie erhöhtem Herzschlag, Blutdruckanstieg und vermehrter Schweißbildung. In manchen Einrichtungen mit wechselnden Teamkonstellationen, wie beispielsweise im Pflegedienst im Krankenhaus, werden seit einigen Jahren neue Methoden der Teambildung erprobt. Es gibt keine »festen« Teams mehr, die Kollegen dürfen sich nicht mehr ihre Schichtkollegen nach persönlicher Sympathie aussuchen. Jeder muss, nach dem Zufallsprinzip, mit jedem zusammenarbeiten. Der Vorteil dieser Neuerung: So kann sich die eine Schicht nicht mehr ständig über die andere beschweren. Zuvor war es gang und gäbe, dass die Kolleginnen, die sich schon seit Jahren kannten, immer versuchten, die Schichten miteinander zu bestreiten. Dies führte häufig zu Grüppchenbildung und zu gegenseitigen Vorwürfen. Nach anfänglicher Skepsis gewöhnen sich Krankenpfleger und -schwestern meist schnell an die neue Regelung, und nach kurzer Zeit verbessert sich auch das Arbeitsklima im gesamten Stationsteam merklich.

4. Unterforderung vermeiden, Motivatoren stärken

Dass auch Unterforderung zu den nicht ungewöhnlichen Ursachen eines Burnout gehört, ist weniger bekannt. Meist wird Ausbrennen ausschließlich mit einem Zuviel an Arbeit verbunden, mit langen Arbeitstagen, dicht gedrängten Zeitplänen und Überstunden.

Dabei gibt es kaum Hinweise, dass die Anzahl der Arbeitsstunden und die Häufigkeit von Burnout klar zusammenhänge. In aller Regel gilt: Wenn Sie Ihre persönlichen Schutzmechanismen beachten, spielt die Anzahl der Stunden, die Sie für Ihren Job arbeiten, kaum eine Rolle. Anders gesagt: Sie können 60 Stunden pro Woche arbeiten und nicht ausbrennen – Sie können aber auch mit einem Halbtagsjob in ein Burnout geraten.

Wichtiger als die Anzahl der Arbeitsstunden ist die individuelle Über- oder eben auch Unterforderung. Ein gewisses Maß an Herausforderung, das zur eigenen Persönlichkeit passt, ist für die Lebens- und Arbeitszufriedenheit außerordentlich wichtig. Man spricht auch vom »Eustress«, dem positiven Antrieb, durch den wir uns lebendig fühlen.

Arbeit gibt uns mehr als den Lebensunterhalt, sie gibt uns das Leben.

Henry Ford

Routine und Langeweile verhindern

Beispiel

Tanja Bischoff genehmigt sich heute eine besondere Mittagspause: Sie hat mit einer Kollegin einen Museumsbesuch vereinbart. Nach zwei schier endlosen Sitzungen am Vormittag, in denen, wie üblich, langweilige Themen durchgekaut werden, kommt ihr der kleine Ausflug besonders zugute. Mit einem Sandwich ›unterm Arm‹ ziehen sie los – und kommen beschwingt und fast ein wenig inspiriert zurück.

Für Menschen, die gern und mit Engagement arbeiten und ihren Beruf lieben, können Routinetätigkeiten und Langeweile ein entscheidendes Potenzial für ein Burnout darstellen. So berichtete mir eine Seminarteilnehmerin, Abteilungsleiterin in der Textil-

Man sollte eigentlich im Leben niemals die gleiche Dummheit zweimal machen, denn die Auswahl ist so groß.

Bertrand Russell, britischer Philosoph und Mathematiker

branche, dass sie vor ein paar Jahren einmal sehr unzufrieden gewesen sei. Sie hatte keine Lust mehr auf ihre Arbeit, war antriebslos und konnte sich nur noch schlecht motivieren. Ihre Arbeit, die ihr immer Spaß gemacht hatte, empfand sie als Last. Schließlich sprachen sie sogar Mitarbeiter und eine Freundin an und fragten, was denn los sei. Sie konnte es ihnen nicht sagen, wusste es nicht.

Durch einen Zufall kam es kurz darauf zur Zusammenlegung ihrer Abteilung mit einer anderen, benachbarten, Abteilung. Dies war zunächst eine weitere Belastung, mussten doch viele Personalgespräche geführt, Absprachen mit der anderen Leitung getroffen und technische Umstellungen bewerkstelligt werden. Aber die neue Aufgabe war auch eine Herausforderung. Sie führte zu einer Erweiterung des Warenspektrums und damit auch zu interessanten Möglichkeiten, sich in neuen Gebieten auszuprobieren und einen ganz anderen Kundenbereich mit zu betreuen. Nach kurzer Zeit waren die zuvor vorhandenen Beschwerden, die Antriebs- und Lustlosigkeit, verschwunden. Sie hatte wieder Spaß an ihrer Arbeit, bekam neue Ideen und hatte Freude, diese umzusetzen und ihre Kollegen zur Mitarbeit zu motivieren. Die Erschöpfungssymptome waren wie weggeblasen, und sie merkte nun erst, was ihr gefehlt hatte: eine neue Herausforderung. Mit weniger Routine, neuen Projekten und damit Möglichkeiten, wieder selbst in das Geschehen einzugreifen. Ab diesem Zeitpunkt konnte sie für sich sagen, dass sie ein ausreichendes Maß an Neuem, an Herausforderungen und Anforderungen benötigte, um sich vor Burnout zu schützen.

Vor allem in Berufen mit Beamten-Status besteht eine erhöhte Gefahr, durch Routine und Langeweile auszubrennen. In der Regel sind diese Jobs sicher, aber mit einer Reihe von Funktionen wie Pflichterfüllung, Kontrolle und starker Reglementierung angefüllt. Auch eine berufliche Weiterentwicklung ist meist nur in geringem Ausmaß möglich. In meine Behandlung kommen immer wieder Beamte, die auf einer gut dotierten Lebensstelle ausbrennen. Dies sind meist hoch qualifizierte Fachleute, häufig mit einem Doppelstudium, die nach ihrer Einstellung fast

30 Jahre lang nur »das Gleiche« machen. »Ich bin eigentlich ein kreativer Mensch: Aber seit ich hier arbeite, bewerte ich nur noch die Kreativität der anderen. Das macht mir zu schaffen, obwohl ich wirklich gut verdiene und die Arbeitsbedingungen kaum besser sein könnten. Hätte ich nicht ein Hobby, das mich sehr in Anspruch nimmt, würde ich die acht Stunden täglich kaum aushalten. Ich fühle mich wie eingesperrt in einen goldenen Käfig.«

Auch bei Lehrern, die in Deutschland meist Beamte sind, ist dies oft ein Problem. Nach dem Studium, im zweijährigen Referendariat und in den ersten Berufsjahren ist alles neu. Aber, je nach Fachgebiet, gibt es nach einer Weile kaum mehr neue berufliche Herausforderungen: zum Beispiel als Mathematiklehrer für das Gymnasium, der während seiner gesamten Laufbahn, über 30 Jahre lang, fast immer den gleichen Stoff vermitteln muss.

Die »Beseitigung« von Routine und Langeweile ist nicht immer einfach. Am Beispiel des Mathematiklehrers kann man sehen, dass sich manche Anforderungen leider nicht anpassen können: Eine 9. Klasse am Gymnasium wird auch in 15 Jahren noch die quadratischen Gleichungen lernen müssen. Stattdessen können sich Lehrer andere passende Herausforderungen suchen. Weiterbildungen, die sich auf andere Kompetenzen erstrecken, zum Beispiel wie man in Teams mathematische Aufgaben lösen kann. Dies kann für die Schüler eine gute Vorbereitung auf das Berufsleben sein: zum Beispiel für einen Ingenieurberuf, in dem heutzutage Teamarbeit in vielen Arbeitsbereichen gefordert wird.

Suchen Sie sich neue Herausforderungen. Orientieren Sie sich dabei an Ihren persönlichen Erfolgen und Ressourcen (siehe auch Seite 36). Was von diesen Dingen könnten Sie in Ihrer jetzigen Situation wieder mehr einfließen lassen? Was würde Ihnen gefallen? Welche Routinearbeiten, die Ihnen lästig sind, können Sie möglicherweise delegieren? Womit könnten Sie Ihren Alltag auflockern? Wenn an einer Routinetätigkeit partout nichts zu verändern ist, können Sie auch versuchen, sich langweilige

Arbeiten freundlicher zu gestalten, damit sie Ihre Arbeitszufriedenheit weniger beeinträchtigen. Indem sich zum Beispiel eine Lehrerin nach jeweils zehn korrigierten Klassenarbeiten eine kleine Belohnung gönnt – eine Runde im Garten, fünf Minuten Radio hören oder ein wenig Körperpflege.

Insbesondere wenn Sie in Ihrem Job ein hohes Maß an Routinearbeit zu erledigen haben und aus dieser Situation nicht ohne Weiteres herauskommen, ohne zum Beispiel Ihren Beruf zu wechseln, können Sie sich vornehmen, feste Pausenzeiten besser zu nutzen. Manche Institutionen haben schon Angebote im Programm, die dabei helfen, die Mittagspause »einmal anders« zu gestalten: Die Kölner Philharmonie lädt ein zum »Philharmonie-Lunch«, einer öffentlichen Probe während der Mittagszeit. »30 Minuten kostenloser Musikgenuss heißt es auf dem Werbeplakat. Als ›kleine Lösung‹ können Sie Ihr Lieblingskonzert auf dem mitgebrachten MP3-Player hören.

Eine kreative Pausengestaltung gibt uns die Möglichkeit, von der Arbeitswelt in eine andere Welt abzutauchen. Das Kunstmuseum Stuttgart etwa bietet die »Malzeit« an: eine Führung, bei der man in Mittagspausen-Länge alles Wissenswerte zu einem Werk erfährt – inklusive Lunchtüte. Das Museum Tucherschloss in Nürnberg lädt alle sechs bis acht Wochen zu 30-minütigen Montagskonzerten ein. In Köln lässt sich bei der Kunstpause abschalten: Einmal im Monat wird in einem der vielen Museen der Stadt ein 20-minütiger Kulturtalk samt Snack angeboten. Und die Philharmonie in Berlin hat bis vor Kurzem Ohren- und Gaumenschmaus sehr schön kombiniert. Immer dienstags ab 13.30 Uhr konnte man dort 40 Minuten Kammermusik inklusive Essen genießen.

Judith-Maria Gillies schreibt in der Zeitung DIE WELT: »Hotels öffnen zur Mittagszeit ihre Pforten für Wellness- oder Kosmetikbehandlungen. In vielen Fitnessstudios stehen mittags Kurse zum Kreislaufankurbeln oder Entspannen auf dem Programm. In Frankfurt kann man beim ›Lunch Box‹ Dampf ablassen, einem Boxprogramm von zwölf bis zwei. Auch manche Unternehmen unterstützen diesen Trend. Vor allem größere

Hightech-Unternehmen laden immer häufiger ein zur ›Aktiven Pause‹ mit Gymnastik, Indoor Cycling oder Klettern, zu Besinnung mit Qigong oder Yoga, zur Massage und zum ›Power Nap‹, oft mit reduzierten Mitgliederbeiträgen für Mitarbeiter. Von Arbeitgebern, die solchermaßen die Mittagspausen ihrer Mitarbeiter versüßen, können die meisten Berufstätigen allerdings nur träumen. Sie müssen selber eine aktive Auszeit für sich suchen – und ihren inneren Schweinehund überwinden. Das funktioniert meist, indem die eigenen Erholungsziele nicht allzu hoch gesetzt werden. Auch fünf Minuten Gymnastik am offenen Fenster sind besser als nichts. Egal, ob kleine oder große Pause: Der erste Schritt sollte immer sein, eine wirkliche Zäsur von der Arbeit zu machen – und keine Pseudo-Pause. In vielen Jobs verschwimmen Arbeit und Pause immer mehr. Da machen manche Leute gar keine Pause. Wer mittags seine Post sortiert, Ablage macht oder mit der ganzen Abteilung samt Chef in der Kantine eine Teambesprechung abhält, macht keine wirkliche Pause. Folgen Sie nicht immer automatisch dem allgemeinen Herdentrieb in die Kantine, sondern nehmen Sie ab und zu Ihre Mittagspause selbst in die Hand. Denn nur Sie selbst wissen, was wirklich gut für Sie ist. Dabei hilft es auch, sich räumlich vom Arbeitsplatz zu entfernen und für Reizwechsel und Abwechslung zu sorgen. Wer allein in einem Büro sitzt, kann vielleicht in einem trubeligen Café gut abschalten. Wer einen trubeligen Job hat, packt seine Butterstulle möglicherweise auf einer stillen Parkbank aus. Der eine erfrischt Körper und Geist bei einem Spaziergang um den Block, ein anderer bei einem Schaufensterbummel, der Nächste vielleicht beim Schaukeln auf dem nahe gelegenen Spielplatz.«

Fort- und Weiterbildung nutzen

Beispiel

Thomas Deckstein fragt sich: »Warum klappt das jetzt so gut?« Er gibt sich selbst die Antwort: »Ich fühle mich fachlich stark, habe den Kopf frei für gute und schnelle Arbeitslösungen.« Nach nahezu drei Jahren »Durcharbeiten« ohne Pause hat er innerhalb von kurzer Zeit zwei Fortbildungen besucht.

Viele meiner Klienten haben in den letzten Jahren vor Beginn der Behandlung keinerlei Fort- oder Weiterbildungsmaßnahme mehr besucht. Die häufigsten Begründungen, warum sie dies nicht getan haben, sind:

- Mangel an Zeit: »Ich kann doch nicht, wenn die Arbeit ohnehin nie ein Ende nimmt, auch noch drei Tage ›freimachen‹!«
- Belastung der Kollegen: »Was sagen denn die Kollegen, wenn ich mich einfach davonschleiche und ihnen die Arbeit überlasse?«
- Gefühlte Unersetzbarkeit: »Ohne mich können die Kollegen das Projekt unmöglich erfolgreich abschließen oder weiterführen.«

Neues Wissen und neue Kenntnisse zu erwerben ist aber für die dauerhafte Reduzierung von Arbeitsstress unabdingbar. Fort- und Weiterbildungsmaßnahmen gehören zum Bereich des sogenannten »aktiven Copings«, also den aktiven Maßnahmen, die im Job für weniger Stress sorgen und damit zu einem geringeren Burnout-Risiko führen. Durch Fortbildungen können Sie Ihre fachliche, Ihre soziale oder Ihre Führungskompetenz erweitern. Sie erlernen Fähigkeiten, die Ihre Arbeitsabläufe erleichtern oder besser zu strukturieren helfen. Dadurch sparen Sie Zeit und Nerven.

Ein weiterer Vorteil von Fort- und Weiterbildung ist, dass Sie immer mal wieder für ein paar Tage über den Firmen-Tellerrand hinausschauen können und, nicht zuletzt, in einem neuen oder anderen Rahmen, mit Kollegen ins Gespräch kommen. Nutzen Sie diese Möglichkeiten und erweitern Sie Ihre Kompetenzen in regelmäßigen Abständen.

KURZPAUSE KONTAKT*

Gehen Sie mit einem Kollegen auf ein Schwätzchen. Oder rufen Sie einen Freund/eine Freundin an, schreiben Sie einen kurzen Brief, eine persönliche E-Mail. Verabreden Sie zum Beispiel für die laufende Woche einen privaten Termin, vielleicht zum Essen oder für eine kulturelle Veranstaltung.

Zwischenmenschliche Kontakte sind für uns Menschen lebensnotwendig, ohne Zuwendung werden wir depressiv und krank. Nutzen Sie eine kurze Arbeitspause, um kollegialen Smalltalk zu pflegen oder um ein Treffen mit Freunden auszumachen, die Sie schon lange einmal wiedersehen wollten.

---

* (mehr zu Kurzpausen ab Seite 58 ff.)

Entscheidungsspielräume nutzen, Handlungsmöglichkeiten erweitern

Beispiel

Thomas Deckstein handelt nun endlich mit seinem Chef bessere Konditionen aus. Er macht klar, dass er mit seiner langjährigen Erfahrung als technischer Teamleiter alle Kollegen führen kann, die fachlich in irgendeiner Weise mitarbeiten, also nicht nur die Entwickler, sondern auch Mitarbeiter der Fertigung. Die Verantwortlichkeit für die Mitarbeiter der Verwaltung allerdings kann er nicht übernehmen. Sein Chef ist zunächst nicht begeistert. War er doch gewöhnt, dass Thomas bislang jede neue Aufgabe widerstandslos übernahm! Aber die weitere Entwicklung überzeugt auch ihn, denn nun kann Thomas mit mehr Überblick auch Termine besser einhalten.

Um nicht auszubrennen und das Burnout-Risiko zu senken, spielt es eine entscheidende Rolle, dass Sie über möglichst viele Bereiche Ihres (Berufs-)Lebens (mit-)bestimmen können. Viele Menschen nutzen dennoch nur einen kleinen Teil ihrer Möglichkeiten, über ihr Tun zu entscheiden oder wichtige Entscheidungen (mehr) zu beeinflussen

Hilfe – ich weiß mehr als mein Chef!

Insbesondere bei hoch qualifizierten und/oder besonders erfahrenen Berufstätigen kommt es oft zu einer speziellen Schwierigkeit: Sie *könnten* eigentlich mehr entscheiden, als sie in ihrer augenblicklichen Situation *dürfen*. Wie eine Rechtsanwältin und Steuerberaterin, die selbst Rechnungen mit Kleinstbeträgen an Mandanten nur mit den Unterschriften ihrer zwei Chefs verschicken darf. Oder ein Beamter im Ausländeramt, der sich nach 20-jähriger Tätigkeit im Bereich Asylanträge weit besser in der Materie auskennt als sein Chef und dennoch jede Entscheidung mit diesem absprechen und abstimmen muss.

Überlegen Sie, in welchen Arbeitsbereichen Sie Ihre Handlungsmöglichkeiten und Entscheidungsspielräume erweitern könnten. Greifen Sie dabei zurück auf die Phasen Ihres Berufslebens, in denen es Ihnen gut ging (siehe auch Seite 58). Über was konnten Sie damals frei entscheiden, wie groß waren Ihre

Handlungsspielräume? Können Sie Teile der damaligen Vorteile heute möglicherweise wieder nutzen? Stellen Sie sich ein paar weiterführende Fragen: Was würden Sie tun, wenn zum Beispiel Ihrer Bürogestaltung keine Grenzen vorgegeben wären? Was wären Ihre ersten Schritte, wenn Sie auf das Meeting X verzichten könnten? Wie würden Sie sich verhalten, wenn Ihr ungeliebtester Kollege sein, Ihnen missfallendes, Verhalten plötzlich änderte? Was würden Sie tun, wenn Sie im Bereich Y Ihrer Tätigkeit alle Handlungsmöglichkeiten hätten, die Sie sich wünschen könnten?

So berichtet Martin G., Architekt: »Neulich habe ich zwei Arbeitstage in die Neugestaltung meines Büros investiert. Ich weiß, dass ich in einer geordneten Arbeitsumgebung am besten arbeiten kann. Ich will daher mein Ordnersystem erneuern und erweitern. Mein Chef hat mir da grundsätzlich zugestimmt, aber zu konkreten Absprachen mit ihm kommt es seinerseits, aus Zeitmangel, seit Monaten nicht. Also habe ich nun eigenmächtig für mich passende und preislich angemessene Ordnersysteme ausgesucht und bestellt. Ich wäre sogar bereit gewesen, diese selber zu bezahlen, so wichtig war mir das. Mein Chef war zunächst überrascht und etwas befremdet aufgrund meines Alleingangs, dann aber beeindruckt, mit welchem Engagement und welcher Klarheit ich meine Arbeitsbedingungen verbessere. Daher hat er auch ein Auge zugedrückt und meine eigenmächtige Bestellung voll finanziert. Im Laufe der folgenden Monate habe ich bemerkt, wie sehr dieses eigenverantwortliche Handeln Eindruck bei ihm hinterlassen hat. Denn es war in meinem Sinne *und* im Sinne der Firma. Mein Chef hat mir nun mehr Verantwortung gegeben, dazu einige Verbesserungen, wie einen größeren flexiblen Gehaltsanteil, ein leistungsfähigeres Mobiltelefon sowie die Möglichkeit, nach Absprache von zu Hause aus zu arbeiten und meine Arbeitszeit flexibler einzuteilen. Das wiederum wirkt sich positiv auf meine Motivation und auf meine gute Laune aus. Und davon profitieren auch die Firma und meine Familie!«

Doch auch bei Entscheidungsspielräumen und Handlungsmöglichkeiten gilt nicht immer: »Je mehr, desto besser«. Auch ein Zuviel an Entscheidungsmöglichkeiten kann zur Belastung werden. Liberalisierung, zum Beispiel der Arbeits- und Geschäftszeiten, kann Menschen Freiheit geben, kann sie aber auch überfordern. Ein Patient berichtete mir vom Erholungswert, den für ihn und seine Frau Urlaube in den Schweizer Bergen haben. In einem Dorf, in dem sie öfter zu Gast sind, sind alle Geschäfte zwischen 12.00 und 14.30 Uhr geschlossen. Diese Mittagspause ist allgemeingültig, d.h., die Gäste können und müssen nicht darüber entscheiden, ob sie mittags einkaufen wollen oder nicht. Dies empfinden beide stets als ausgesprochen erholsam. Sehr große Flexibilität kann auch Stress auslösen. Beispielsweise sind nicht für jeden Menschen flexible bis ultraflexible Arbeitszeiten und Home-Office eine gute Lösung. Sie sollten darauf achten, ob und inwieweit die Flexibilisierung *Ihnen* zugute kommt – oder möglicherweise nur Ihrem Arbeitgeber. Wenn die Möglichkeit, von zu Hause aus zu arbeiten, mehr Ärger mit der Familie und ununterbrochene Schichten nachts und an Wochenenden mit sich bringen, die Ihnen und Ihren Lieben mehr Frust als Lust bereiten, sollten Sie die Situation noch einmal überdenken.

Home-Office: Ja – aber wie! Genaue Absprachen sind unerlässlich

Bei der Arbeit vom heimischen Schreibtisch aus ist es nach einer Studie der Durham Business School an über 1000 Fach- und Führungkräften von entscheidender Wichtigkeit, dass die Home-Office-Regelung klar mit dem Arbeitgeber vereinbart ist. Wenn dem so ist, wenn also klare Regeln für die Arbeit zu Hause gelten, reduziert sich die Burnout-Rate von 48 auf 5 Prozent, so die Arbeitsgruppe um Professor Tom Redman. Wenn der Arbeitgeber den Mitarbeitern erlaubt, einen oder mehrere Tage von zu Hause aus zu arbeiten, sinkt die Rate gar auf 1 bis 3 Prozent. Wenn es zum Thema Home-Office jedoch keine offizielle Firmenregelung gibt, steigt die Burnout-Rate, laut dieser Studie, auf über 62 %. Wenn Mitarbeiter heimlich von zu Hause aus arbeiten, führen, so die Annahme, Schuldgefühle und die Angst vor der Entdeckung zu überdurchschnittlich hoher Burnout-Gefahr.

Beim Home-Office ist es wichtig – insbesondere wenn sie oft und zu unterschiedlichen Zeiten von zu Hause aus arbeiten wie viele Freiberufler oder Lehrer –, die Arbeit räumlich und zeitlich klar abzugrenzen. Dazu können dienen: ein Schild mit einer Aufschrift (»Working Dad«) oder einem eindeutigen Signal oder Logo (das dann auch kleinere Kinder verstehen können), ein Vorhang, Bilder oder Pflanzen. Helfen können auch klar definierte Arbeitszeiten und feste Zeiträume, in denen gearbeitet und in denen nicht gearbeitet wird.

Nehmen Sie nicht nur das, was übrig bleibt!

Selbst entscheiden, eigenmächtig handeln bedeutet auch, etwas für sich zu verlangen. Nicht nur das zu nehmen, was andere übriglassen, sondern das, was *Sie* wollen und brauchen.

Hannes Z., Inhaber einer Autowerkstatt, war aus Freundlichkeit immer wieder ungewöhnlichen Kundenwünschen nachgekommen, auch wenn sie noch so absurd waren. Nicht selten hatten er und sein Kompagnon komplizierte und zeitaufwendige Aufträge angenommen, die kaum Geld einbrachten und die kein anderer Anbieter übernehmen wollte. Auch in der Freizeit ging es ihm oft nicht anders: Wenn ein Kellner die falsche Pizza brachte, war er der Erste, der die Hand hob. »Ist schon okay, was kann denn der Kellner dafür, passt schon. Ich wollte zwar Salami, Pilze schmecken mir aber grundsätzlich auch«, sagte er sich. Aber ärgerlich war er dennoch. Als Herr Z. es schaffte, mehr und mehr Augenmerk auf seine eigenen Bedürfnisse zu legen (und zum Beispiel ein Essen zurückgehen ließ, welches er nicht bestellt hatte), konnte er auch immer häufiger »sinnlose« Aufträge ablehnen, die nur Arbeit, aber kaum Geld einbrachten. »Wir wollen nicht mehr die Reste, das, was andere Werkstätten nicht annehmen wollen. Wir haben Anspruch auf ordentliche Aufträge« – so, wie der Anspruch auf die richtige Pizza.

KURZPAUSE SEHEN:
Optische Sinneswahrnehmung*

Betrachten Sie eine Minute lang die schönste Ecke in Ihrem Arbeitsbereich. Vielleicht ein Bild, ein Foto oder eine Skulptur, oder auch eine Pflanze, ein Stück Himmel, einen Baum oder Strauch, den Sie durch das Fenster erblicken können.

Wir neigen dazu, an unserem Arbeitsplatz vor allem die Dinge zu sehen, die uns an Arbeit erinnern. Nicht selten ist dies nicht nur mit angenehmen Gefühlen verbunden. Vieles ruft »Ich bin noch zu erledigen« und hält uns vor Augen, was wir alles noch nicht geschafft haben. Gestalten Sie daher möglichst eine, noch so kleine Ecke in Ihrer Arbeitsumgebung so, dass sie für Sie schön zu betrachten ist. Richten Sie Ihren Arbeitsplatz so aus, dass Sie diese Ecke ohne größeren Aufwand betrachten können. Ebenso empfehlenswert ist es, zu erledigende Aufgabe nicht ständig im Blickfeld zu halten. Z. B. können Sie Akten oder Ablagestapel in einem Regal oder Schrank außerhalb ihres Gesichtsfeldes unterbringen. Dies reduziert den Stress spürbar.

---

* (mehr zu Kurzpausen auf Seite 58 ff.)

Entfaltungsmöglichkeiten erweitern

Die eigenen Möglichkeiten und Talente zu leben und sie auch im Beruf einzubringen ist ein wirksamer Schutz vor Burnout. Menschen, die dies in ihrem Beruf können, sind auch in der Lage, 50 oder 60 Stunden pro Woche zu arbeiten, ohne auszubrennen.

In den Kliniken, in denen ich gearbeitet habe, gab es für uns Ärzte Gelegenheiten, eigene Talente außerhalb der täglichen Routinearbeit einzubringen und so die persönlichen Entfaltungsmöglichkeiten zu erweitern. Zum Beispiel konnte man sich in wissenschaftlichen Arbeiten engagieren, externe oder interne Vorträge halten oder die Weiterbildung des Krankenpflegepersonals unterstützen. Diese zusätzlichen Tätigkeiten gehörten »ganz normal« dazu, sie wurden also in der Regel während der normalen Arbeitszeit geleistet. Da ich gerne Vorträge hielt, bekam ich öfter die Gelegenheit, dies zu tun. Eine wilkommene Abwechslung zum Klinikalltag, die mir Spaß machte und letztlich auch zu meinem weiteren Berufsweg führen sollte.

Viktor R., gelernter Maler, hat auch an der Kunstakademie studiert. Vom Verkauf seiner Bilder kann er leider nicht leben. So muss er hauptsächlich als Malermeister sein Geld verdienen. Er bemüht sich aber, die interessantesten Aufträge aus seinem Handwerksberuf in regelmäßigen Abständen zu legen, wenn möglich alle 4–6 Wochen. So streicht er einmal ein Schlafzimmer farbig, einmal die Fassade eines Hauses an einem See mit Blick auf die Berge, einmal ist ein besonders knifflig verwinkelter Speicher zu restaurieren. Sein Broterwerb wird so immer wieder von einer besonderen Aufgabe »verschönert«, in der er seine Talente (das Gefühl für Farben und feine Details) ausleben kann. Bei gewöhnlichen Aufträgen denkt er gern an diese besonderen Momente zurück und freut sich auf die kommenden.

Solche beruflichen »Highlights« regen zum Träumen an, lassen manch öde Stunde schneller verfliegen. Entdecken auch Sie Ihre persönlichen Sternstunden im Job.

Welche Möglichkeiten haben Sie, um die Entfaltungsmöglichkeiten an Ihrem Arbeitsplatz zu erweitern? In meinen Seminaren gestalte ich zu diesem Thema ein Rollenspiel, in welchem ein Mitarbeiter zusammen mit seiner Führungskraft Entfaltungsmöglichkeiten erweitern soll. Drei bis vier Teilnehmer bereiten das Rollenspiel gemeinsam vor und sollen sich entweder aus Perspektive der Chefin oder des Mitarbeiters überlegen, welche Entfaltungsmöglichkeiten der Mitarbeiter noch nicht ausgeschöpft hat. In der Regel wird dabei ein fiktiver oder auch ein realer Fall aus dem Arbeitsalltag eines Teilnehmers nachgestellt. Zum Beispiel eine Altenpflegerin, die sich immer sehr darüber ärgert, dass der Medikamentenschrank ihrer Wohneinheit unübersichtlich eingeräumt ist. Sie geht mit diesem Anliegen zu ihrer Chefin, um ihr den Vorschlag zu unterbreiten, dass sie die Aufsicht über den Medikamentenschrank übernehmen könnte. So könnte sie ihre Talente hinsichtlich Übersicht und Ordnung besser einsetzen – und wäre vermutlich weniger unzufrieden. Oder wie Christian B., der nach langjähriger Tätigkeit in einer Behörde und nach einer Phase der Erschöpfung und Unlust wiederentdeckt, wie gern er mit jungen Leuten arbeitet. Er bespricht dies mit seiner Abteilungsleiterin und übernimmt anschließend einen Teil des Einarbeitungsprogramms für neue Mitarbeiter. Der Kontakt mit den neuen Kollegen macht ihm sichtlich Spaß, und er geht wieder mit neuem Schwung an die Arbeit, weil immer wieder die erfrischenden Anleitungen von Anwärtern die Routine durchbrechen.

Nicht selten entsteht bei dieser Übung die Frage: »Ja, was soll ich denn da machen? Zum Thema ›Entfaltungsmöglichkeiten‹ habe ich mir doch noch nie Gedanken gemacht! Das kam bisher nicht vor in meinem Arbeitsleben.« Hier können Sie sich einen Moment Zeit nehmen und zusammenstellen, was Sie besonders gut können.

Erstellen Sie zunächst eine Liste Ihrer persönlichen Talente:

Das kann ich gut:

1. ______________________________

2. ______________________________

3. ______________________________

4. ______________________________

5. ______________________________

Nehmen Sie sich nun Ihre Talente eines nach dem anderen vor und stellen Sie sich dabei jeweils die folgenden Fragen. Fangen Sie mit dem Talent an, in dem Sie sich am sichersten fühlen:

a) Habe ich dieses Talent schon einmal beruflich umgesetzt?
b) Setze ich mein Talent in meiner derzeitigen beruflichen Situation ein?
c) Würde ich dies gern (mehr) tun?
d) Welches wäre ein Bereich meines Jobs, in dem dies möglich sein könnte?
e) Welche Ansprechpartner gibt es, um hier etwas in Bewegung zu bringen?
f) Welche konkreten Schritte sind nötig, um mein Talent in diesem Bereich mehr einzubringen?

»Aber kann ich damit überhaupt etwas anfangen?«, fragt sich manch einer. Was sagt mein Vorgesetzter, wenn ich plötzlich etwas Neues vorschlage, das mir besonders viel Spaß macht oder liegt? Wird das nicht eher zu Widerstand führen? In vielen meiner Seminare mit Führungskräften höre ich, dass Manager sich viele Gedanken darüber machen, wie Teams am besten zusammengestellt werden könnten, indem zum Beispiel Aufgaben nach »Talenten« oder Interessen verteilt werden könnten. Sie können also in der Regel davon ausgehen, dass viele Vorgesetzte froh sind, wenn sie erfahren, was Ihnen besonders liegt oder Spaß macht.

KURZPAUSE KÖRPEREMPFINDUNG, GLEICHGEWICHTSSINN: Tiefensensibilität*

Stehen Sie von Ihrem Schreibtischstuhl auf. Öffnen Sie das Fenster und atmen Sie drei Mal tief durch. Setzen Sie sich wieder.

Durch einen Positionswechsel, insbesondere durch Aufstehen, werden in Ihrem Körper die Tiefensensibilität und der Gleichgewichtssinn angesprochen. Wenn wir stehen, senden die Rezeptoren an unseren Fußsohlen zudem Signale an das Wachheitszentrum unseres Gehirns. Wenn Sie kleine Kinder oder auch, in einer neurologischen Behandlung, komatöse Patienten auf die Fußsohlen stellen, steigt der Wachheitsgrad an. Diesen Effekt nutzen wir beim Aufstehen. Die frische Luft trägt durch ihren höheren Sauerstoffgehalt weiter zu unserer Wachheit bei.

---

* (mehr zu Kurzpausen finden Sie auf Seite 58 ff.)

Eigene berufliche Visionen entwickeln

Vor dem inneren Auge sichtbar machen, wohin es gehen soll, wo man in ein paar Jahren beruflich und privat stehen möchte, trägt viel dazu bei, Ausbrennen zu verhindern. Eigene Ziele werden dadurch erreichbarer, und allein die Vorstellung, dort anzukommen, wo man hinwill, beflügelt und macht Freude. Kreditgeber wissen das und vergeben Kredite für Start-up-Unternehmen vorzugsweise an Bewerber, die eine konkrete, positive Vision ihrer Geschäftsidee zeichnen können.

Die Idee ist da, in dir eingeschlossen. Du mußt nur den überzähligen Stein entfernen.

Michelangelo

Auch im Sport hilft das gedankliche Durchspielen von Wettkampfsituationen vor dem Kampf. Vor allem in den USA vertreten Sportpsychologen diesen Ansatz in immer größerem Maße: Schon zu den Olympischen Spielen 2004 nahmen die US-amerikanischen Athleten 20 Sportpsychologen mit auf die Reise. Die deutsche Schwimmerin Britta Steffen nahm ihre Psychologin nach dem zweiten Gold in Peking sogar mit zur abendlichen ARD-Talkrunde und betonte immer wieder deren Leistung. Die deutsche Fußball-Nationalmannschaft der Herren beschäftigt seit der Ära Klinsmann einen Sportpsychologen, anfangs noch mit Bedenken, die schnell schwanden. Skifahrer visualisieren jeden Streckenabschnitt vor der Abfahrt bei geschlossenen Augen, während sie sich auf den Start vorbereiten. Elfmeter sind für Profis kaum eine körperliche Herausforderung: Die Treffer werden im Kopfduell mit dem Torwart gemacht.

Ein Rennen im Kopf gewinnen

Entwickeln Sie Ihre eigene berufliche Vision: Nehmen Sie sich ein Blatt Papier und notieren Sie zunächst, was sie beruflich schon geschafft haben. Führen Sie 5–10 Punkte auf, denken Sie auch an die kleinen, feinen Dinge wie »Ich konnte die Abteilung wechseln in ein Team, in dem ich mich sehr viel wohler gefühlt habe«, »Ich habe eine wichtige Unterredung mit meinem Chef zu einem von mir gewünschten Termin bekommen«, »Ich habe meine Ausbildung/mein Studium in der Regeldauer oder mit dem und dem Ergebnis abgeschlossen«. In der Regel nehmen Burnout-gefährdete Menschen solche Leistungen in ihrem (Berufs-)Leben zu wenig wahr. Selbst nach der Bewältigung größter Aufgaben, zum Beispiel einer bestandenen Abschlussprüfung, muss baldmöglichst und ohne Verschnaufpause das nächste Ziel verfolgt werden. Es lohnt sich daher, einmal zurückzublicken, was schon alles war.

Das habe ich schon geschafft:

1. ______________________________
2. ______________________________
3. ______________________________
4. ______________________________
5. ______________________________
6. ______________________________
7. ______________________________

Im nächsten Schritt schreiben Sie 5 Punkte auf, die Sie gerne erreichen würden. Schreiben Sie so, als würde eine Wunschfee Ihnen per Zauberstab fünf Wünsche freigeben.

Meine fünf Wünsche:

1. ______________________________
2. ______________________________
3. ______________________________
4. ______________________________
5. ______________________________

Zuletzt beschreiben Sie bitte Ihre berufliche Situation in fünf Jahren. Beschreiben Sie diese realistisch, aber positiv. Vermeiden Sie Wörter wie »vielleicht«, »eventuell«, »hätte, könnte«. Schreiben Sie zum Beispiel: Im Jahr 2… bin ich Abteilungsleiterin mit acht Mitarbeitern. Ich habe jedes zweite Wochenende ganz frei, Laptop und Handy bleiben aus. Meine Wünsche an meine Tätigkeit und meine Anforderungen bespreche ich in regelmäßigem Turnus mit meinem Vorgesetzten …«

So sieht meine berufliche Situation im Jahr 2… aus:

____

____

____

____

____

____

____

____

____

____

____

____

____

____

Das einzig Wichtige im Leben sind die Spuren der Liebe, die wir hinterlassen, wenn wir gehen.

Albert Schweitzer, Theologe, Arzt und Friedensnobelpreisträger

5. Sonstiges

Werte

Im Gespräch mit Menschen, die auf den Ruhestand zugehen, höre ich oft: »Ach, hätte ich mir doch mehr Zeit genommen für die wichtigen Dinge im Leben: Kinder und Familie, meine Freundschaften. Ich sehe jetzt bei meinen Enkeln, welch eine Freude es ist, Kinder aufwachsen zu sehen und sie dabei zu begleiten. Diese Erinnerungen hab ich an meine eigenen Kinder kaum. Damals war ich ständig unterwegs, habe mein Unternehmen aufgebaut und Karriere gemacht. Ich wusste ja gar nicht, was mir entgeht!«

Nicht wenige ergreifen nach dem Ende ihrer Erwerbstätigkeit die Gelegenheit, sich neu zu orientieren. Noch schöner ist es, wenn dies bereits in einem Stadium des Lebens stattfinden kann, in dem noch einige Jahre vor uns liegen, die wir mehr nach unseren Wünschen und Wertvorstellungen gestalten können.

Nicht den Tod sollte man fürchten, sondern dass man nie beginnen wird zu leben.

Marcus Aurelius, römischer Kaiser um 150 n. Chr.

Viele meiner Klienten geben an, dass ihnen immer mehr klar werde, dass es für ihre Arbeitszufriedenheit wichtig ist, eigene Werte, zumindest teilweise, umsetzen und reflektieren zu können. Ein Gewerkschaftsvertreter und Betriebsratsvorsitzender, der parallel dazu als Aufsichtsratsvorsitzender in einem Unternehmen tätig war, stand vor der Entscheidung, für die Tätigkeit im Aufsichtsrat erneut zu kandidieren. Er überlegte hin und her und verbrachte viele Wochen damit abzuwägen, ob er eine Tätigkeit im Aufsichtsrat mit seinem Gewissen vereinbaren könne oder nicht. So gab es in dem Unternehmen Arbeiter, die bei einer Kappung der Bezüge um 5 % ihre Kinder vom Sportverein abmelden mussten. Dies war für die anderen Aufsichtsratsmitglieder, in der Regel Vorstände anderer Unternehmen, jenseits ihrer Vorstellungswelt. Sie waren vor allem damit beschäftigt, sich gegenseitig Zusatz-Aktien-Optionen, höhere Gewinnbeteiligungen sowie finanzielle Vergütungen weit über die aktive Tätigkeit hinaus einzuräumen. Schließlich wurde ihm klar, dass er die Aufgabe nur annehmen könne, wenn er etwas im Sinne der wenig verdienenden Kollegen bewirken konnte. Keiner der anderen Aufsichtsräte kümmerte sich darum – umso wichtiger, dass wenigstens er darüber sprach. Daher war der Klient nur einverstanden, in diesem Gremium in der Funktion des Aufsichtsrats*vorsitzenden* tätig zu sein. So hatte sein Wort ein maßgebliches Gewicht. Dies machte ihm die Entscheidung für eine erneute Kandidatur deutlich einfacher.

Eine besondere Art, die eigenen Werte und Prinzipien zu fokussieren, ist das sogenannte »Mission Statement«. Eine Methode, in der man seine Wünsche, Wertvorstellungen, Ziele und Ideale auf einen Nenner bringt, indem man diese auf einem ein- bis maximal zweiseitigen Dokument festhält. Der Autor Stephen R. Covey empfiehlt dafür eine etwas makaber anmutende

Technik: »Stellen Sie sich vor, Sie sind 10 Jahre in der Zukunft und gehen zu einer Beerdigung. Freunde und Bekannte sind anwesend. Sie stellen fest, dass Sie selbst im Sarg liegen. Nun ist die Frage, was genau möchten Sie in Ihrer Grabrede hören? Um was soll es in Ihrem Leben wirklich gehen? Schreiben Sie dies auf ein Blatt Papier und finden Sie so Ihre Prinzipien und Wertvorstellungen.« Die evangelische Bischöfin Margot Käßmann rät, sich zu überlegen, was auf der eigenen Grabplatte stehen solle. Eine weniger drastische Art, zu den eigenen Haupt-Lebensthemen zu gelangen, ist, sich vorzustellen, was Sie gerne die eigenen Enkel über Ihre Person erzählen hören würden. Mit welchen Eigenschaften und Taten Sie in Erinnerung bleiben möchten. Im Mission Statement sollten keine zu kurzfristigen Ziele erfasst werden, sondern längerfristige Ideen, wie ethische Prinzipien, größere finanzielle Anschaffungen, größere familiäre Ziele und Ähnliches. Es wird empfohlen, dieses Mission Statement täglich durchzulesen, um ein möglichst effektives Zeitmanagement im Hinblick auf die wesentlichen Werte auf längere Frist zu gewährleisten. Diese Methode wird für Unternehmen und Organisationen genutzt, kann aber auch auf Privatpersonen übertragen werden.

KURZPAUSE: HÖREN
(Akustische Wahrnehmung)*

- Haben Sie die Möglichkeit, an Ihrem Arbeitsplatz Musik zu hören, vielleicht über einen MP3-Player? Hören Sie eine für Ruhephasen reservierte Lieblingsmusik. Oder singen oder summen Sie ein Lied, eine Melodie. Schließen Sie dabei, wenn möglich, die Augen.
- Achten Sie für zwei Minuten ausschließlich auf umgebende Naturgeräusche. Wenn nötig, öffnen Sie dazu Ihr Fenster oder gehen Sie nach draußen. Schließen Sie dabei, wenn möglich, die Augen.

Gestalten Sie für diese Kurzpause eine akustische Wahrnehmung ausschließlich und bewusst für sich allein. Sie werden sie anders erleben als die üblichen Hintergrundgeräusche, wie das Klappern von Tastaturen, akustische Computer-Signale, Stimmen, Telefonklingeln oder Hintergrundmusik.

Naturgeräusche, wie Vogelzwitschern oder Grillenzirpen, Wind, der in Bäumen oder Sträuchern die Blätter zum Rascheln bringt, fließendes Wasser, werden häufig von vielerlei anderen Geräuschen übertönt – es gibt mehr Naturgeräusche, auch in der Stadt, als Sie vielleicht im ersten Augenblick denken. Wir nehmen diese Geräusche wahr, meist hören wir sie jedoch nur, wenn wir uns bewusst auf sie konzentrieren.

Erleben Sie so eine Konzentration auf *eine* Sinneswahrnehmung statt auf eine Vielzahl von Eindrücken.

---

* (mehr zu Kurzpausen auf Seite 58 ff.)

Geld

Wie viel Geld ist Ihnen Ihre Gesundheit wert? Oder andersherum gefragt: Wie viel Geld würden Sie, wenn dies möglich wäre, weniger verdienen wollen, um dafür gesund zu bleiben? »Hauptsach' g'sund«, »Ohne Gesundheit ist alles nichts« oder »Gesundheit ist das höchste Gut« meint der Volksmund und wird durch Untersuchungen bestätigt: So liegt Gesundheit mit Abstand oben auf der Liste der Dinge, die uns glücklich machen. Spätestens dann, wenn wir aufgrund einer Erkankung nicht mehr arbeiten können, ist Gesundheit wichtiger als Geld. Nach Beendigung der eigenen Berufstätigkeit ist die Gesundheit ohnehin *das* Thema schlechthin.

Das Geld ist leider die Sache, für die man im Leben am meisten zahlen muss.

Juliette Gréco

Ich habe immer wieder Patienten, die sich für die Erhöhung ihres Lebensstandards nahezu »kaputt arbeiten«. Der schicke Zweitwagen, der teure Urlaub, die aufwendige Ausstattung können nur unter Erbringung immer größerer Anstrengungen finanziert, aber oft schon lange nicht mehr wirklich genossen werden. Die dadurch oft maximal angespannte Finanzlage sorgt immer wieder für Stress. Wie bei Matthias H., der in den Zeiten, in denen sein Konto überzogen war, jedes Mal Riesenkrach mit seiner Frau bekam. Die Szenen belasteten ihn ungemein. Dennoch hielt er es für unmöglich, seine Ausgaben zu reduzieren. Er konnte sich ein Leben ohne die vielen Extras überhaupt nicht mehr vorstellen. Erst nachdem er einen schweren Bandscheibenvorfall erlitten hatte, kam er zur Besinnung. Er und seine Frau verkauften das zweite Auto und zogen in eine kleinere Wohnung um. So konnte er endlich seinen Nebenjob als Netzwerkadministrator, der ihn Wochenenden und Nächte gekostet hatte, beenden. Erst danach merkte er, wie viel wohler er sich fühlte, dass er sich auch ohne diese bislang »lebenswichtigen« Extras freuen konnte.

Äußerlichkeiten zu reduzieren liegt dabei im Trend. Personalabteilungen haben es zunehmend mit Fach- und Führungskräften zu tun, die nicht nur arbeiten und möglichst viel Geld verdienen, sondern in erster Linie *leben* wollen. Im »Karriereanker«, einem verbreiteten Persönlichkeitstest für Führungskräfte, der die Muster der beruflichen Entwicklung bei Managern misst und dabei acht verschiedene Gruppen (=Anker) ermittelt, zeigt sich seit einigen Jahren eine bislang nie dagewesene Tendenz: Die Gruppe »Lebensstilintegration«, die vorher eher ein Randphänomen darstellte, nimmt stark zu. Deren Karriereanker (= Hauptmotivation für die eigene Karriere) ist ein Lebensstil, bei dem die Vereinbarung von persönlichen Bedürfnissen mit denen der Familie und den Anforderungen des Berufs an vorderster Stelle steht. Erfolg wird – anders als bei allen anderen Gruppen – weiträumiger definiert als nur Erfolg im Beruf. Dominantes Thema ist das Halten einer Balance zwischen allen wesentlichen Bereichen des Lebens, insbesondere eine harmonische Integration von Familie und Karriere. Diese Orientierung verbreitet sich immer mehr, weil sie die sozialen Trends in der Gesellschaft widerspiegelt und weil sie eine Folge der, aber auch eine Bedingung für die Zwei-Karrieren-Familien ist, also eine Familie, in der beide Elternteile ihren Berufsweg mit Engagement verfolgen.

Auch die Glücksforschung stellt fest, dass eine glückliche und stabile Partnerschaft sowie intensive Kontakte zu Freunden und Familie entscheidender für die Lebenszufriedenheit sind, als Geld und Macht zu besitzen. Unternehmen kommen langsam in Sorge, wer auf Dauer noch bereit sein wird, unzählige Überstunden zu leisten, Abende und Wochenenden in der Firma oder auf Firmenveranstaltungen zu verbringen!

Typisch europäisch: die Frage nach dem »wozu?«

Ein Vergleich zwischen Europa und den USA ist hierbei interessant. Europäer haben diversifiziertere Genussformen als zum Beispiel US-Amerikaner. Dort steht »Shopping« mit Abstand an erster Stelle der beliebtesten Freizeitbeschäftigungen und der Dinge, die Genuss bereiten, in Europa gehört noch einiges andere dazu. Europäer sind daher schwerer dazu zu bringen, quasi »sinnlos«, also nur für ein höheres Gehalt, mehr zu arbeiten – sie ziehen den familiären Kontakt, Kontakte zu Freunden und Vereinskameraden einem Mehr an Geld vor. Und dieser Trend wird immer ausgeprägter. Auch ist dieser Wertekatalog in Europa fast unabhängig von der wirtschaftlichen Situation des jeweiligen Landes.

Auch in China und anderen aufstrebenden Ländern streben die Menschen derzeit in erster Linie nach mehr finanziellem Wohlstand. Die Frage nach dem »wozu?« wird nur selten gestellt. So mancher China-Kenner vermutet, dass Europa auf dem Weg ist, *der* Experte für Sinnfragen zu werden.

Auszeiten vom Job

Viele meiner Patienten äußern, besonders zu Beginn der Behandlung, dass sie am liebsten »alles hinschmeißen« würden. Sie träumen von völlig anderen Arbeitsbedingungen, haben den Wunsch, ganz auszusteigen aus ihrer aktuellen Arbeitssituation. Diese Träume sind nicht selten detailliert ausgemalt. Dort, in der Zukunft ohne den jetzigen Job, ist plötzlich alles einfach, der Stress ist vorbei, und alle Mühen liegen weit zurück.

Die meisten Leute planen ihre Ferien besser als ihr Leben.

Mary Kay Ash, US-amerikanische Unternehmerin

Meine Einstellung zum Thema »alles hinschmeißen« ist kritisch und führt manchmal zu Kontroversen. Beispielsweise wünschte sich eine Klientin zu Beginn der Behandlung, ich solle sie für ein paar Wochen krankschreiben. Ihre Arbeit als Sachbearbeiterin in einer Behörde könne sie nicht mehr ausstehen, sie spiele schon seit Jahren mit dem Gedanken, sich selbstständig zu machen, um den »elendigen Arbeitsstress« endlich loszuwerden. Ich gab ihrem Wunsch nicht nach, denn es hatte sich in der Vergangenheit schon mehrmals in ähnlichen Situationen gezeigt, dass sie dann, nach ein paar Wochen Krankschreibung, zwar wieder belastungsfähiger und frischer war, gleichzeitig aber auch kein Leidensdruck mehr da war, die langjährig unbefriedigende Arbeitssituation nachhaltig zu verändern. Im weiteren Verlauf der Behandlung, nach einigen grundlegenden Änderungen in ihrem Leben, konnte die Klientin, die sich anfangs sehr über meine Sichtweise geärgert hatte, meine Vorgehensweise nachvollziehen und freute sich, diese Phase »durchgehalten« zu haben – mit dem Erfolg, dass sich nun *wirklich* etwas verändert hatte.

Kritisch an dem »Ausstiegswunsch« ist zu betrachten, dass Klienten oft jahrelang nur einen ungesunden, extremen Wechsel zwischen Aktivitäts- und Passivitätsphasen kennen. Viele arbeiten von Montag 8 Uhr bis Freitag 20.00 Uhr fast ohne Pause durch, um sich dann völlig auszuklinken, was nicht selten nur mithilfe von Alkohol oder anderen Exzessen möglich ist.

Leichte Wellen sind gesünder

Ich rate meinen Klienten dazu – und übe dies auch über Wochen und Monate mit ihnen ein, was sehr häufig nicht einfach und langwierig ist –, Aktivität und Passivität regelmäßiger und in kürzeren Abständen abzuwechseln. Die Klientin hatte bisher immer wieder, ein- bis zweimal im Jahr, die Arbeit hingeschmissen und sich für zwei Wochen krankschreiben lassen. Aber dadurch hatte sich auch nie etwas nachhaltig an ihrer Situation geändert – nach den Erholungspausen war der Druck wieder weg, nachhaltige Veränderungen zu verfolgen. Und die Pläne für die Selbstständigkeit wurden mal wieder, wie schon jahrelang, auf Eis gelegt. Ich schrieb die Dame nicht krank, sondern half ihr, im normalen Arbeitsalltag Pausen zu installieren. So konnte sie den alljährlichen Zusammenbruch verhindern und mehr grundsätzliche Zufriedenheit mit ihrer Lebenssituation erreichen. Über Möglichkeiten, mehr Ruhe in ihren Alltag zu integrieren, finden Sie mehr in Kapitel V ab Seite 59 (»Anspannung und Entspannung im gesunden Wechsel«).

Es gibt aber auch Situationen, in denen es äußerst wichtig ist, eine längere Pause einzulegen. Dominik C., 34, ältester Sohn einer Unternehmerfamilie, konnte sich noch gut an seine Schulzeit erinnern. Schon in der 7. Klasse stand er manchmal wie verloren am Fenster des Klassenzimmers und dachte: »Wie soll ich es nur schaffen, den Betrieb zu übernehmen?« Er war immer schon mehr Träumer und Tüftler gewesen als harter Geschäftsmann. Im Studium war er froh, wenn sein Freund und Studienkollege die Planung in die Hand nahm und er einfach mitlaufen durfte. So hatte er mehr Zeit, um neue technische Ideen zu entwickeln und auszuprobieren, bei der lästigen Auswahl der Seminare und Praktika konnte er sich auf seinen Kumpel verlassen. Nach dem Studium drängte es ihn, der das Meer liebte, einen Sommer in einer einsamen Küstengegend zu verbringen. Aber ausgerechnet in diesem Jahr verstarb plötzlich der Betriebsleiter der elterlichen Firma – und er sprang helfend ein, damit die Situation für die Familie zu schultern war. Im Familienunternehmen hatten schon seit Generationen immer zu wenige zu viel zu erledigen gehabt, er konnte sie nicht im Stich lassen. Über zehn Jahre machte er seinen Job, trieb mit einem Kompagnon die weitere Expansion des Unternehmens voran, war erfolgreich – und dennoch unglücklich. Er fühlte sich nie so, »als würde das Unternehmen mir gehören«. »Wenn ich plötzlich nicht mehr Teilhaber wäre – glauben Sie mir, das würde mir überhaupt nichts ausmachen. Ich spüre gar nicht, dass das *mein* Geld ist. Und wenn ich es recht bedenke, war das schon immer so.« Für ihn war es eine äußerst wichtige Entscheidung, für ein halbes Jahr aus der Verantwortung für die Firma auszusteigen, ganz eigene Wege auszuprobieren. Individuelles Terrain zu erobern, auf welchem er nicht im Schatten des erfolgreichen Firmengründers und seiner unternehmerischen Nachfolger stand, sondern seine ureigenen Talente ausspielen und damit punkten konnte.

Wann es besser ist, den Job zu wechseln

Nur sehr wenige meiner Patienten, und dies stimmt mit Erfahrungen von Kollegen überein, die ebenfalls Burnout-Betroffene beraten und behandeln, müssen im Laufe einer Therapie den Job wechseln. Über 90% bleiben in ihrer Arbeitssituation, und dies in der Regel nicht, weil sie nichts Besseres finden, sondern weil sie nach der Behandlung mit ihrer Arbeitssituation besser zurechtkommen und weniger Berufsstress erfahren.

An den Scheidewegen des Lebens stehen keine Wegweiser.

Charlie Chaplin

Gehen Sie noch einmal in Ruhe die in diesem Kapitel »Wege aus dem Burnout« genannten Themen durch. Machen Sie eine Zwischenbilanz: Welche Punkte sind in Ihrer Arbeitsumgebung gut, welche ›so-so‹ und welche schlecht geregelt? Welche Veränderungen sind von Ihrer Seite aus möglich und was könnte von Unternehmensseite verändert werden? Bedenken Sie immer, dass Sie nicht auf Veränderungen im Unternehmen »warten« sollten: Dies schränkt Sie ein, ein einseitiger Blick auf das, was andere für Sie tun können, macht mitunter starr und handlungsunfähig. Beraten Sie sich mit Ihrem Partner, mit befreundeten

Kollegen: Ist die Situation im Job so aussichtslos, dass sich die Umstände auch mit Ihrem größtmöglichen Einsatz auf absehbare Zeit nicht ändern werden? Beobachten Sie Erschöpfungszustände bei immer mehr Ihrer Kollegen? Fällt die Bilanz zu negativ aus, so sollten Sie einen Jobwechsel ernsthaft in Erwägung ziehen. Auch wenn Sie merken, dass Sie sich schon immer nach einer anderen Tätigkeit gesehnt haben, ist dies möglicherweise eine gute Gelegenheit, sich neu zu orientieren. Wie Ulrike M., Vertriebsmanagerin, der es immer viel Spaß gemacht hatte, andere zu trainieren, und die nach Ende der Behandlung und nach über zehn Jahren Vertriebstätigkeit in die Ausbildung von Vertrieblern wechselte. Oder Eric K., der die selbst gegründete Firma nach fast 15 Jahren verließ, in der er sich zuletzt durch die Fülle der Managementaufgaben nicht mehr wohlfühlte. Nun konnte er endlich wieder fachlich arbeiten und erfüllte sich seinen Traum von einem kleinen Ingenieurbüro.

VI. Tipps für Kollegen und Vorgesetzte

Nicht wenige meiner Klienten erhalten durch befreundete Kollegen Hinweise, Rat und Unterstützung und gelangen unter anderem durch diese Hilfe schließlich in meine Behandlung. Auch in Seminaren zur Burnout-Prävention für Mitarbeiter und Führungskräfte nehmen die Fragen nach Burnout-gefährdeten Kolleginnen und Kollegen einen breiten Raum ein. »Wie kann und soll ich mich verhalten, wenn ich denke, dass meine Mitarbeiterin in ein Burnout rutscht?« und »Was sollte ich möglichst vermeiden, um ihre Symptome nicht weiter zu verschlechtern?« sind dabei die häufigsten Fragen. Insbesondere in Seminaren mit Führungskräften der mittleren Führungsebene werde ich häufig gefragt, wie am besten mit Kollegen und Mitarbeitern umzugehen ist, bei denen man befürchtet, dass sie ausbrennen könnten.

Kollegen merken früh, dass etwas nicht stimmt

In einem Team machen sich die anderen um einen »Ausbrenner« nicht selten Sorgen. Kollegen bemerken oft als Erste, wie oft der Betroffene nicht beim Mittagessen war und stattdessen gearbeitet hat. Sie bekommen mit, dass er nicht mehr fit aussieht, sie spüren, wie deutlich sein Engagement in Meetings abnimmt. Viele haben schon einmal von jemandem gehört, der oder die ganz plötzlich einen »Zusammenbruch« erlitten hat und erst nach Wochen, manchmal Monaten wieder im Büro erschien. Im kollegialen Miteinander mit Betroffenen spielen sowohl die zwischenmenschliche Sorge als auch die Bedrohung der eigenen Arbeitsumgebung und -bewältigbarkeit (zum Beispiel durch Verzicht auf einen wichtigen Leistungsträger im Team oder durch Auswechslung eines Vorgesetzten) eine Rolle.

Im folgenden Kapitel will ich anhand einiger Beispiele Hinweise geben, welche Verhaltensweisen im Arbeitsumfeld förderlich und welche eher hinderlich sind, damit der Betroffene von Ihrer Hilfe profitieren kann.

1. Burnout bei Kollegen erkennen

Wenn Sie merken, dass ein Kollege, eine Kollegin immer mehr arbeitet, sich immer weniger Erholungszeiten gönnt und körperliche Stresssymptome entwickelt, so ist oft erst spät zu verstehen, was da eigentlich geschieht. Für den »Ausbrenner« selbst ist es schwer genug, ein Burnout frühzeitig zu erkennen, für Kollegen oft noch schwieriger.

Sie sollten deshalb die Warnsignale eines drohenden oder auch manifesten Burnout-Syndroms kennen. Die wichtigsten Alarmzeichen, die auch von einem Außenstehenden zu erkennen oder zumindest zu erfragen sind, sind:

1. Verlust der Fähigkeit zu regenerieren
2. Kontakteinschränkung oder -vermeidung
3. Verlust von Selbstvertrauen

Der *Verlust der Fähigkeit zu regenerieren* zeigt sich am eindrücklichsten nach einem zwei- bis dreiwöchigen Urlaub. In dieser Zeitspanne sollte es unter normalen Umständen immer möglich sein, vom Job abzuschalten und wieder aufzutanken. Anders bei drohendem Burnout: Die Zeit, bis Erholung einsetzt, nimmt zu (»Ich brauchte zehn Tage, um richtig am Strand anzukommen«), und der Erholungswert des Urlaubs ist geringer (»Zwei Wochen Urlaub kamen mir vor wie zwei Tage«). Dabei ist es im Übrigen nicht so wesentlich, ob ein Kollege Arbeit in den Urlaub mitnimmt oder nicht. Für manchen Selbstständigen oder manche Führungskraft kann es erholsamer sein, im Urlaub im Notfall erreichbar zu sein – wie auf Seite 96 beschrieben. Entscheidender ist, ob und wie gut der Betroffene abschalten kann und wie er oder sie die eigene Erreichbarkeit reguliert.

Das zweite Warnsignal, die Einschränkung oder *Vermeidung von Kontakten*, ist schon bedenklicher. Sie äußert sich zum Beispiel dadurch, dass der oder die Betroffene Teambesprechungen häufiger fernbleibt und sich dort seltener am Gespräch oder an Diskussionen beteiligt. Er oder sie vermeidet Telefonate, gibt später Rückmeldungen, kommt kaum oder nicht mehr zu informellen Treffen, sei es zum Kaffeetrinken in der Frühstückspause oder zu einem privaten Treffen außerhalb der Arbeitszeit. Sie oder er übernimmt nur noch Routineaufgaben, das bisherige Engagement fürs Team geht zurück. Beim Thema »Kontaktfähigkeit« ist insbesondere der Vergleich zum »Normalzustand« von Bedeutung: Kolleginnen, die schon immer eher zu den Ruhigeren gehörten, ziehen sich noch mehr zurück, extrovertiertere Mitarbeiter sind deutlich weniger bemerkbar und engagiert als üblicherweise.

Spätestens wenn ein Kollege oder eine Kollegin, die bislang ihren Job in der Regel gern gemacht haben, meinen, »Ich glaube, ich habe den falschen Beruf gewählt«, »Mir gelingt nichts mehr« oder »Ich bin hier völlig fehlplatziert«, beginnt also sein *Selbstvertrauen* zu verlieren, wird es gefährlich. Hier sollte sich der oder die Betroffene dringend Hilfe holen, damit es nicht zu dauerhaften Folgeschäden und Arbeitsunfähigkeit kommt.

2. Besondere Teamkonstellationen und Berufe, die Burnout begünstigen

Wie schon in Kapitel II beschrieben, ist Burnout im Wesentlichen ein Krankheitsbild in Dienstleistungsberufen. Vor allem soziale Berufe (zum Beispiel pflegende und helfende Berufe, Pädagogen, Ärzte, Lehrer, Physiotherapeuten) sind betroffen, bis zu 50 % der Erwerbstätigen in diesen Berufsgruppen brennen einmal während ihres Berufslebens aus.

Wir sind doch nicht krank!

Teamkonstellationen, die häufiger zu Burnout bei Mitarbeitern führen können, sind zum Beispiel gegeben, wenn ein – möglicherweise unbewusstes – Motto des Teams ist: »Wir schaffen das schon allein.« Oder wenn es einen Wettstreit darum gibt, wer am meisten »aushalten« kann. Besonders in Gesundheitsberufen haben viele Menschen Schwierigkeiten, sich selbst auch einmal als bedürftig zu erleben. »Krank sind doch die Patienten!« Lehrer haben häufig Hemmungen, Tipps und Ratschläge anzunehmen, also sich selber »belehren« zu lassen. Sie sind von Berufs wegen »Besserwisser«, d.h., sie müssen im Berufsalltag so gut wie immer alles »besser wissen« als ihre Kunden, die Schüler. Das macht es schwer, im privaten Alltag davon zu lassen und sich selbst als bedürftig zu erleben.

Bei Führungkräften spielt die Vorbildfunktion eine wichtige Rolle: »Ich muss meinen Mitarbeitern mit gutem Beispiel vorangehen. Ich kann mich doch nicht wegen einer Mittelohrentzündung, die unter Antibiotika schon wieder so gut wie schmerzfrei ist, krankmelden!«

Achten Sie als Kollege/in, Mitarbeiter oder Führungskraft daher besonders in den oben genannten Bereichen auf mögliche Burnout-Gefährdete.

3. Eigene Verstrickungen und eigene Betroffenheit erkennen und benennen

Als Kollege oder Vorgesetzte ist es oft sinnvoll, die eigenen Rollenerwartungen im Hinblick auf den Burnout-betroffenen Mitarbeiter zu reflektieren. »Was erwarte ich von mir, im Bezug auf den erschöpften Kollegen? In was für eine Rolle gerate ich durch das Verhalten des Betroffenen? Was daran stört mich?« sind Fragen, die es sich zu stellen lohnt.

Die eigene Rolle überdenken

Eine Vorgesetzte sprach mich während eines Führungskräfte-Seminars an. Sie habe seit vielen Jahren Probleme mit einer Mitarbeiterin, die immer wieder, zum Teil sehr intensiv, über körperliche Beschwerden klage. Trotz mehrfacher Aufforderung begebe diese sich nicht in ärztliche oder therapeutische Behandlung, sondern beharre stets darauf, da sei »ja doch nichts zu machen«. Die Vorgesetzte wisse nicht, wie sie mit dieser Situation umgehen solle. Sie habe schon versucht, in ihrer eigenen Freizeit für die Mitarbeiterin erreichbar zu sein. Nach kurzer Zeit habe sie bemerkt, dass die Situation, was das »Jammern« betraf, besser geworden war. Sie selber aber konnte sich zu Hause kaum mehr entspannen, da sie stets mit einem Anruf der Mitarbeiterin rechnete. Zudem häuften sich ihre Bedenken, andere Mitarbeiter könnten argwöhnisch reagieren, falls sie sich, im Verhältnis zu der genannten Kollegin, zu wenig beachtet sehen. Die Vorgesetzte empfand ein Dilemma: Entweder es geht der Mitarbeiterin gut oder ihr selbst. Ihr Blick auf die eigenen Rollenerwartungen im Bezug auf diese Mitarbeiterin zeigten, dass sie sich stets, in viel größerem Maße als für andere Kollegen, wie eine Mutter, große Schwester oder manchmal gar wie eine Therapeutin für sie verantwortlich fühlte. Sie wurde sich bewusst, dass dies als Vorgesetzte nicht ihre Aufgabe sein konnte, und dass andere Kollegen und auch Aufgaben mehr Gewicht einnehmen müssten. Dadurch konnte sie nun gelassener auf ihr »schlechtes Gewissen« reagieren, wenn die Mitarbeiterin mal wieder klagte. Und sich wohlfühlen, auch wenn diese sich nicht wohlfühlte. Nachdem sie diese neue Sichtweise über ein paar Monate »durchgehalten« hatte, nahmen die Klagen der Mitarbeiterin ab, da sie spürte, dass das Klagen nun nicht mehr »ankam«. Wenige Wochen später erfuhr die Vorgesetzte zufällig von einer Kollegin, dass die Mitarbeiterin sich an die Betriebsärztin um Rat gewandt habe – ein Ort, wo gesundheitliche Probleme hingehören.

4. Was kann ich als Kollege/in tun?

Grundsätzlich sind gegenseitiger Respekt, ein freundlicher und höflicher Umgang miteinander und ein Klima gegenseitiger Hilfestellung gute Voraussetzungen, damit die Burnout-Gefahr in einem Team gering bleibt.

Im Einzelnen haben Sie, wenn ein Kollege oder eine Kollegin betroffen ist, folgende Möglichkeiten:

- Signalisieren Sie Verständnis, bieten Sie immer wieder an zuzuhören.
- Bieten Sie, möglichst unaufdringlich, Hilfe an.
- Ermuntern Sie zu nicht beruflichen Zusammenkünften. Holen Sie die Betroffene zum Beispiel ab, wenn Sie zum Kollegenstammtisch fahren.
- Lassen Sie sich nicht von der harten Schale täuschen: Burnout-Betroffene zweifeln an sich, ihren Fähigkeiten und Stärken. Und sie tun sich besonders schwer, eigene Schwächen zu akzeptieren und sich zu verzeihen. Versuchen Sie daher nicht, ihn oder sie mit Hinweisen auf seine Fehler zum Handeln zu bringen. Nennen Sie lieber gelegentlich die Besonderheiten, die Fähigkeiten und Erfolge der Betroffenen. Denn das fällt ihm oder ihr besonders schwer.
- Sie können auch Druck aus der Situation herausnehmen, indem Sie für sich sorgen und indem Sie dem Kollegen so vorleben, was es heißt, Hilfe anzunehmen. Oft fällt es dem Betroffenen dann leichter, selbst Hilfe in Anspruch zu nehmen.

Je besser Sie den Betroffenen kennen, umso vertrauensvoller können Sie mit ihm sprechen. Schwieriger wird es, wenn alle diese Möglichkeiten zu keinerlei Veränderung führen und der Mitarbeiter oder die Mitarbeiterin keinerlei Hilfe in Anspruch zu nehmen bereit ist. Spätestens dann muss der Vorgesetzte mit ins Vertrauen gezogen werden.

Sollte die Situation sehr schwierig sein, das gilt in erster Linie, wenn einer Ihrer wichtigsten Mitarbeiter oder Kollegen oder Ihre Chefin an Burnout erkrankt ist, dann sollten Sie nicht zögern, Hilfe in Anspruch zu nehmen. Also sich gegebenenfalls selber beraten zu lassen, um dem Druck standhalten zu können, den Burnout-Erkrankte häufig auf ihre Umgebung ausüben.

So ließ sich der Chef eines Patienten, parallel zur Behandlung seines Mitarbeiters, von einem Coach beraten, wie er mit dem ausgebrannten Kollegen am besten umgehen könne. Vor allem in meinen Seminaren nehmen viele Vorgesetzte und Kollegen die

Chance wahr, sich Tipps zu holen für den Umgang mit einem Mitarbeiter, bei dem sie ein Burnout kommen sehen.

5. Was kann ich als Vorgesetzte/r tun?

Über geeignete Maßnahmen für Vorgesetzte, das Burnout-Risiko ihrer Mitarbeiter zu senken, soll hier nur kurz berichtet werden. Es gibt viele kleine und große Veränderungen, die helfen können, dass Mitarbeiter weniger ausbrennen. Die Vielfalt an Möglichkeiten, die ein Unternehmen oder eine Organisation hat, um Burnout vorzubeugen, würde aber den Rahmen dieses Buches sprengen.

Wenn kollegiale Hilfestellungen und Gespräche nicht weiterhelfen, was beim Thema Burnout leider nicht selten der Fall ist, kann es nötig werden, die Situation als Ganzes zu betrachten. Und dann ist der Vorgesetzte gefragt. Dabei ist es vor allem wichtig, den negativen Einfluss auf das gesamte Team zu beachten. Wenn über Monate alle anderen für den Kranken mitarbeiten müssen, oder gar gezwungen sind, seine Fehler auszubügeln, ist dies schwer zu ertragen – letztlich steigt so die Burnout-Gefahr für alle. In einem anderen Bereich psychischer Beeinträchtigung am Arbeitsplatz, bei Suchterkrankungen, wird hier als Ultima Ratio, also letzte Möglichkeit, wenn alle Gespräche mit Kollegen, Vorgesetzten und Personalern zu nichts führen, eine Sitzung einberufen, in der alle Teammitglieder dem Betroffenen zugleich eine klare »Ansage« erteilen: »Wir schätzen dich, aber die Situation mit deiner Erkankung ist für uns so nicht mehr tragbar. Sie belastet unsere Arbeit zu sehr. Du musst etwas tun, damit es dir wieder besser geht.« Wichtig ist dabei, dem Betroffenen in Aussicht zu stellen, dass er, wenn er sich Hilfe zukommen lässt, wieder vollwertig seinen Platz im Team finden wird. »Wenn du dir Hilfe holst und dich behandeln lässt, freuen wir uns, wenn du wieder bei uns bist.« Ob sich diese, bei Suchterkrankten oft erfolgreiche, Methode auch für den Einsatz bei Burnout-Erkrankten eignet, ist bislang allerdings noch nicht ausreichend erprobt.

6. Hilfe, mein Chef brennt aus!

Eine besonders verzwickte Situation ist gegeben, wenn Sie vermuten, dass Ihr Chef/Ihre Chefin zu den Ausbrennern gehört. Durch Ihre hierarchisch untergeordnete Position können Sie ihm oder ihr, noch weniger als in der umgekehrten Situation, Ratschläge geben.

In diesem Fall heißt es: Gehen Sie, bevor es an Ihre Substanz geht. Versuchen Sie, so gut es geht, Ihre eigenen Bedürfnisse im Auge zu behalten. Sie haben in dieser Konstellation wenig Möglichkeiten und anders als ein Vorgesetzter für seine Mitarbeiter keine Fürsorgepflicht für Ihren Chef. Sie tun daher gut daran, in erster Linie Ihre eigene Haut zu retten.

Nachwort

Burnout ist eine schwere Zäsur im Leben vieler Betroffener. Nicht selten sind es berufliche Ursachen, die zu der immer größer werdenden Erschöpfung geführt haben. Unternehmen und Gesellschaft stehen in der Pflicht, Überlastungen im Berufsleben zu begrenzen, Instrumente, um dies zu bewerkstelligen, stehen hierfür mehr und mehr zur Verfügung.

Aber auch jeder Einzelne kann viel tun. Thomas Deckstein und Tanja Bischoff haben sich Stück für Stück mehr Entscheidungsspielräume genommen, haben Zeitdruck reduziert, Rollenerwartungen überdacht und ihre Handlungsmöglichkeiten erweitert, um Belastung zu reduzieren und wieder mit Freude ihrem Job nachzugehen. Ohne sich innerlich von ihrer Arbeit zu verabschieden, haben sie in ihrem Leben und Berufsleben mehr Spaß und Befriedigung gefunden. Die Zäsur hat ihnen dabei geholfen, ihre Mitte wiederzufinden.

VII. Empfehlungen, Links, Adressen

1. Literaturempfehlungen

Mehr zum Thema Burnout und Arbeitswelt: Hans-Peter Unger und Carola Kleinschmidt: Bevor der Job krank macht. 2006, Kösel, München

Mehr zum Thema Burnout für Helfende Berufe: Jörg Fengler: Helfen macht müde. Zur Analyse und Bewältigung von Burnout und beruflicher Deformation. 2001, Klett-Cotta. Leben Lernen

Mehr zum Thema Burnout und Frauen: Dagmar Ruhwandl: Erfolgreich ohne auszubrennen. Dritte Aufl. 2008, Klett-Cotta, Stuttgart

Und noch mehr zum Thema Burnout: Matthias Burisch: Das Burnout-Syndrom. 2005, Springer, Berlin

Über http://www.swissburnout.ch/ gelangen Sie zu einem Online-Burnout-Selbsttest des Hamburger Burnout-Forschers Professor Matthias Burisch

Das Bayerische Staatsministerium für Umwelt, Gesundheit und Verbraucherschutz hat in den vergangenen Jahren in Kooperation mit verschiedenen Hochschulen diverse Tools zur Verbesserung der betrieblichen Gesundheit entwickelt und stellt diese zum Teil kostenlos zur Verfügung: http://www.stmugv.bayern.de/gesundheit/giba/betrieb/manage.htm

Europäische Stiftung zur Verbesserung der Lebens- und Arbeitsbedingungen (EUROFOUND). Umfragen und Studien zum Thema Psychostress u.a. http://europa.eu/scadplus/leg/de/cha/c11111.htm

2. Beratung

http://burnoutpraevention.de: Burnout-Behandlung, Top-Management Coaching, Präventionsseminare für Mitarbeiter und Führungkräfte, Organisationsberatung zum Thema »Burnout-Prophylaxe in Unternehmen«, Betriebliches Gesundheitsmanagement http://burnout-stop.de: Burnout-Stop – Institut für Burnout-Prophylaxe: Ein kompetentes, großes Netzwerk von Burnout-Beratern in und um Hamburg. Spezialgebiet: Burnout-Seminare für Mütter in Zusammenarbeit mit der Techniker Krankenkasse

http://www.procausa.de: Centrum für persönliche und berufliche Weiterentwicklung in Hannover

http://www.relaxxatwork.com: Innovative Lösungen für mentale Fitness von Mitarbeitern, Kompetenznetzwerk Burnoutprävention

3. Zeitmanagement und Co.

Unter http://www.simplify.de finden Sie Tipps zur Vereinfachung Ihres Berufs- und Privatlebens, als Buch, Hörbuch, E-Learning-Kalender oder regelmäßige Newsletter; ähnliche Angebote zum Thema Zeitmanagement unter http://www.seiwert.de

Viele Unternehmen bieten für ihre Mitarbeiter interne oder externe Zeit- und Arbeitsmanagement-Seminare an. Erkundigen Sie sich bei Ihren Kollegen, Ihren Vorgesetzten oder in Personalabteilungen nach Möglichkeiten, diese in Anspruch zu nehmen

Die Welt: »In der Mittagspause ins Konzert« von Judith-Maria Gillies. http://www.welt.de/finanzen/karriere/article2118321/In_der_Mittagspause_ins_Konzert.html